ÄGYPTOLOGISCHE ABHANDLUNGEN

HERAUSGEGEBEN VON
WOLFGANG HELCK UND EBERHARD OTTO

BAND 4

GÜNTER LANCZKOWSKI

ALTÄGYPTISCHER PROPHETISMUS

1960

OTTO HARRASSOWITZ · WIESBADEN

ALTÄGYPTISCHER PROPHETISMUS

VON

GÜNTER LANCZKOWSKI

1960

OTTO HARRASSOWITZ · WIESBADEN

Otto Harrassowitz GmbH & Co. KG
Kreuzberger Ring 7c-d, D-65205 Wiesbaden,
produktsicherheit.verlag@harrassowitz.de

MEINER FRAU

Vorwort

Bei der Veröffentlichung dieser Arbeit gilt mein Dank in erster Linie Herrn Professor Dr. Eberhard Otto, Heidelberg. Er hat seit Jahren meinen Arbeiten eine stetige Aufmerksamkeit geschenkt und sie durch Rat und Hilfe gefördert. Auch die Möglichkeit, meine Untersuchungen zum altägyptischen Prophetismus zusammenhängend vorlegen zu können, verdanke ich ihm in entscheidender Weise. Ferner möchte ich auch an dieser Stelle ihm und Herrn Professor Dr. Wolfgang Helck, Hamburg, herzlich danken für die Aufnahme meiner Arbeit in die Reihe der „Ägyptologischen Abhandlungen". Herr Professor D. Hans-Werner Gensichen, Heidelberg, hat meinen Untersuchungen ein spezielles Interesse entgegengebracht, für das ich mich zu aufrichtigem Dank verpflichtet fühle. Die Veröffentlichung der Arbeit wurde durch eine Druckbeihilfe der Deutschen Forschungsgemeinschaft ermöglicht, der ich hierfür meinen verbindlichsten Dank ausspreche. Dem Leiter des Verlages Otto Harrassowitz, Wiesbaden, Herrn Dr. Ludwig Reichert, bin ich dankbar für die sehr gute Zusammenarbeit bei der Herstellung des Buches.

Heidelberg, August 1960

Günter Lanczkowski

Inhalt

1. Einleitung

a) Die Problemlage

Über die Frage, ob es im alten Ägypten Prophetie gegeben habe, ist vielfach und teilweise von sehr gewichtiger Seite gehandelt worden[1]). Bei einer eingehenden Analyse ägyptischer Weissagungen kam Eduard Meyer in seinem Buche „Die Israeliten und ihre Nachbarstämme"[2]) zu dem Schluß, daß das Schema dieser Äußerungen mannigfache Berührungen mit der alttestamentlichen Prophetie aufweise und überhaupt als Prototyp prophetischer Literatur angesehen werden könne. Ägypten wäre demnach als Ursprungsland der Prophetie anzunehmen, insofern hier zum ersten Male in der Zukunft spielende Geschichte verkündet und literarisch fixiert sei. Auch in seiner „Geschichte des Altertums"[3]) hielt Eduard Meyer an diesem unter dem Gesichtspunkt religiös relevanter Anliegen nur auf formalen Indizien beruhenden Urteil fest; das „Schema" der Beschreibung einer Katastrophe mit dem Ausblick auf einen „messianischen" Ausweg erschien ihm hierbei charakteristisch zu sein. Zugleich räumte er ein, daß die israelitische Prophetie eine durch die in Ägypten fehlende schöpferische Individualität genuin religiöser Persönlichkeiten vollzogene Erweiterung und Vertiefung des an sich zuerst in Ägypten feststellbaren Typus der prophetischen Aussage erfahren habe. Hugo Greßmann hat in seinem Werke „Der Messias"[4]) dieses Urteil Eduard Meyers im wesentlichen akzeptiert. Nachdem er einen literarhistorischen Überblick über ägyptische Weissagungen gab[5]), unterschied er systematisch zwischen den mehr oder weniger technischen Orakeln, wie sie im alten Ägypten zu Hause seien, und der eigentlichen, religiös schöpferischen Leistung der Propheten israelitischer Art[6]). Greßmanns Darstellung ist wichtig nicht allein als Schau eines der bedeutendsten Vertreter der „religionsgeschichtlichen Schule", sondern auch deshalb, weil sein Urteil bis heute nachwirkt. Von den auf ihn folgenden Bearbeitern des Themas „ägyptische Prophetie" ist im wesentlichen die gleiche Auswahl des herangezogenen Stoffes vorgenommen worden, wie sie seiner für die Existenz ägyptischer Prophetie abträglichen Klassifizierung

---

[1]) Vgl. besonders: Eduard Meyer, Die Mosesagen und die Lewiten: Sitz. Ber. Berl. Akad. Wiss. 1905, XXXI, S. 651f.; Hans Lietzmann, Der Weltheiland, Bonn 1909, S. 22f.; Gustav Hölscher, Die Profeten, Leipzig 1914, S. 458ff. Hinsichtlich ihrer Einschätzung der ägyptischen Prophetie stimmen die angeführten Arbeiten überein mit der im folgenden am Beispiel der Untersuchungen Greßmanns aufgezeigten Wertung.

[2]) Halle a. S. 1906, S. 451ff.

[3]) GdA I 2, 2. Aufl., Stuttgart und Berlin 1909, S. 274f.

[4]) Göttingen 1929.   [5]) a.a.O., S. 417ff.   [6]) a.a.O., S. 431ff.

als rein technische Orakel zugrunde lag. Das jeweils herangezogene Material erfüllt entweder von sich aus lediglich die Bedingungen einer rein mantischen Aussage oder es wird allein unter solchen Gesichtspunkten interpretiert und mithin als Orakel gewertet. In jedem Falle handelt es sich um eine Sicht des Prophetischen in rein technischem Sinne; die Verwandtschaft zur israelitischen Prophetie ist dabei formaler Art und beruht auf der dialektischen Anwendung der hauptsächlichsten Gattungen, der Drohungen und Verheißungen[7]). Unter inhaltlichen Gesichtspunkten führe eine Rekonstruktion der geschichtlichen Entwicklung der ägyptischen Prophetie zur Feststellung einer wertmäßig absteigenden Linie[8]). An ihren Ausgangspunkt seien Texte zu stellen, deren Charakter als rein politische, dynastischen Interessen dienende vaticinia ex eventu offenbar als negatives Kriterium für den Gehalt an echter Prophetie angesehen wird. Die Praktiken, mit denen diese fingierten Orakel vorgetragen werden, seien die der Schamanen[9]). Die ägyptische Prophetie sei demnach ein Teil der Magie. Das Moment des Exzeptionellen, Wunderbaren und Übernatürlichen, das diesen Erscheinungen anhafte, entwickele sich später zur Vorherrschaft reiner Märchenmotive[10]). Die Auseinandersetzung mit diesen Anschauungen Greßmanns muß die Frage nach dem Wesen ägyptischer Prophetie unter zwei verschiedenen Gesichtspunkten stellen.

Um eine Frage der rechten Interpretation handelt es sich bei den von Greßmann aus älterer Zeit herangezogenen Texten. Er wertet sowohl die Geburtslegende der künftigen Könige der 5. Dynastie aus dem Papyrus Westcar[11]) wie auch „Das Orakel auf Ameni"[12]), die Verkündigung des Neferti, allein im Sinne einer politischen Propaganda im Interesse dynastischer Ziele; diese Einordnung ergibt sich für ihn aus dem Charakter der Texte als vaticinia ex eventu. Allein den Worten des Ipu in den Admonitions billigt er, vornehmlich auf Grund der formalen Indizien der in ihnen vertretenen Gattungen der Schelt- und Mahnworte, genuin prophetischen Charakter zu[13]).

Steht bei diesen Texten das Interpretationsproblem im Mittelpunkt, so ist dem übrigen von Greßmann herangezogenen Material mit der ebenfalls dem umfassenden Gesichtspunkt der Begriffsbestimmung des Prophetischen untergeordneten Frage nach der rechten Auswahl des Stoffes zu begegnen. Es handelt sich hier um sehr späte Texte, die teilweise in ägyptischer, teilweise in antiker Überlieferung erhalten sind. Das Kriterium ihrer Auswahl ist durchweg und allein der inhaltliche Gehalt einer Vorhersage.

---

[7]) a.a.O., S. 440.   [8]) a.a.O., S. 434ff.
[9]) a.a.O., S. 435; vgl. Hölscher, a.a.O., S. 155.   [10]) a.a.O., S. 443.
[11]) a.a.O., S. 418: „Die im Märchen enthaltene Prophezeiung ist also ein vaticinium ex eventu und die ganze Erzählung eine Huldigung für das neue Königsgeschlecht."
[12]) a.a.O., S. 420ff.
[13]) a.a.O., S. 430: „Seine Gedanken berühren sich zwar teilweise mit der pessimistischen Weltbetrachtung der Spruchdichter, aber seine Sprüche können trotzdem nicht zur Gattung der Spruchweisheit gehören. Stünden sie im Alten Testament, so würde man keinen Augenblick zaudern, sie der prophetischen Literatur einzureihen, auch wenn Orakel ganz fehlen sollten. Die Sprüche Ipuwers sind wie die der Propheten Israels politischen Inhalts; auch sie enthalten neben Weissagungen selbständige Mahnworte an das Volk oder Scheltworte an den König."

Aus dem 34. Jahr des Kaisers Augustus, also den Jahren 7—8 n. Chr., stammt ein demotischer Text der Handschriftensammlung des Erzherzogs Rainer in Wien, der eine Vorhersage enthält aus der Zeit des ägyptischen Königs Bokchoris (720—715), der zusammen mit seinem Vater Tefnachte (730—720) die kurze 24. Dynastie bildete[14]). Die Geschichte trägt den Titel „Die Verwünschung über Ägypten seit dem sechsten Jahr des Königs Bokchoris"[15]). Verkünder der Weissagung ist „das Lamm"[16]), das unmittelbar nach Beendigung seiner Sprüche stirbt. Der Inhalt seiner Verkündigung ist deutlich in zwei unterschiedliche Abschnitte aufgeteilt. Im ersten wird das Unheil, das über Ägypten gekommen ist, geschildert, und einzelne bedeutende Städte des Landes werden zum Weinen darüber aufgefordert. Der Schlußsatz: „So endete das Lamm die Verwünschungen" trennt diesen Teil deutlich von einem zweiten, der Ägypten eine glücklichere Zukunft verheißt. Das Schema der mit Drohworten verbundenen Unheilsverkündigung und der darauf folgenden Heilsweissagung, die sich hier der alten Formel bedient, daß die Lüge im Lande vertrieben und das Recht wiederhergestellt sein werde, ist vollauf deutlich. Der zeitgeschichtliche Hintergrund des Textes wird durch die Nennung Ninives sowohl unter den Verwünschungen wie auch im zweiten Teil, wo die Rückkehr der nach Ninive gebrachten Kapellen der ägyptischen Götter vorhergesagt wird, leicht erkennbar: die Bedrohung des Nillandes durch die von Sargon II. (721—705), dessen Regierungszeit sich noch teilweise mit der des Königs Bokchoris berührt, beherrschte assyrische Militärmacht stellt den aktuellen politischen Anlaß der Vorhersage dar. Obwohl sich der formale Aufbau dieser Weissagung mit Schemata prophetischer Verkündigung trifft und offenbar eine zeitgenössische Notsituation die Verkündigung auslöst, ist die Frage, ob es sich um echte Prophetie oder um literarische Übernahme einzelner prophetischer Formen handelt, im letzteren Sinne zu beantworten. Denn bei einer Wertung im Sinne von Prophetie würde inhaltlich das Charakteristikum der Vorhersage entscheidend sein. Dies aber ist, wie später zu zeigen sein wird, für den Begriff des Prophetischen nicht allein beweiskräftig, sondern nur dann, wenn es im Zusammenhang mit anderen und entscheidenderen Fakten steht, für die der vorliegende Text keine Anhaltspunkte liefert.

Gleiches gilt auch für die übrigen von Greßmann noch herangezogenen Stoffe. Zu der sogenannten „Demotischen Chronik"[17]) schreibt er selbst:

---

[14]) Bei Diodor I 65ff. erscheint Bokchoris als Gesetzgeber.

[15]) J. Krall, Vom König Bokchoris, in: Festgaben zu Ehren Max Büdingers, Innsbruck 1898, S. 1ff.; vgl. auch Eduard Meyer, Ein neues Bruchstück Manethos über das Lamm des Bokchoris, in: ÄZ 46 (1909), S. 135f.

[16]) Greßmann, a.a.O., S. 426, verweist auf die antiken Traditionen über das „Lamm" als Offenbarungsträger, als deren letzten Ausläufer er das Lamm der Apokalypse Johannis ansieht. Dagegen steht für August Freiherr von Gall, ΒΑΣΙΛΕΙΑ ΤΟΥ ΘΕΟΥ. Eine religionsgeschichtliche Studie zur vorkirchlichen Eschatologie, Heidelberg 1926, S. 66f., die ganze Erzählung im Dienste einer kultischen Zielsetzung: „. . . auch in unserem Texte kommt doch wohl die Hauptsache auf den Wahrsager, das Lamm, an. Wie bei Nefer-Rehu dreht es sich in erster Linie darum, das Recht des Lammes auf kultische Verehrung zu erweisen . . ."

[17]) Erste Behandlung des Textes: É. Revillout in: Revue Égyptologique 1 (1880), S. 49ff., 145ff. Bis heute gültige wissenschaftliche Bearbeitung: Wilhelm

,,Da der Text sehr dunkel ist, ist es schwierig, zu erkennen, wo die fingierte Weissagung in die wirkliche Weissagung übergeht"[18]). Der Papyrus, der von einem Soldaten Napoleons in Kairo erworben wurde und in die Pariser Bibliothèque nationale gelangte, ist in der älteren Ptolemäerzeit verfaßt und niedergeschrieben. Er besteht aus sehr dunklen Orakelworten, denen jeweils eine auf die Perserzeit bezogene Interpretation beigegeben ist[19]). Ausführlich wird das Unglück, das die Perser über das Land bringen, geschildert. Den Verwüstungen der Tempel durch die fremden Barbaren und der Umkehrung aller Ordnungen folgt die Wiederherstellung des Gottesdienstes und die Neuordnung des staatlichen und sozialen Lebens unter einem König, der das Gesetz (*p3 hp*) erfüllt.

Im zweiten und dritten nachchristlichen Jahrhundert in griechischer Sprache verfaßt, aber nach Aussage des Textes angeblich aus dem Ägyptischen übersetzt, sind Papyrusfragmente, die den Titel ἀπολογία κεραμέως tragen und als ,,Orakel des Töpfers" bekanntgeworden sind[20]). Sie werden in die Zeit eines Königs Amenophis, also in die 18. Dynastie, verlegt. Damals soll ein Töpfer als Gotteslästerer verklagt und vor den König geführt worden sein. Er verteidigt sich mit Worten, die wiederum Drohung und Verheißung zum Inhalt haben, und bricht mitten in seiner Rede tot zusammen. Wenn sich die Verheißung des Töpfers auf den regierenden König bezieht[21]), liegt kein vaticinium ex eventu vor und damit noch nicht einmal formal der Typus der Vorhersage. Reitzenstein[22]) hat iranische Einflüsse vermutet. Die Möglichkeit synkretistischer Beeinflussung, die einen Text auch hinsichtlich seiner Herkunft als Zeugnis für echt ägyptische Prophetie entwertet, besteht generell für die aus antiker Überlieferung erhaltenen Texte[23]).

Aus dieser Textgruppe sind unter dem Gesichtspunkt des Prophetismus noch das ,,Orakel des Amenophis"[24]) und das ,,Orakel von Buto"[25]) dis-

---

Spiegelberg, Die sogenannte demotische Chronik des Pap. 215 der Bibliothèque nationale zu Paris (Demotische Studien, Heft 7), Leipzig 1914; Eduard Meyer, Ägyptische Dokumente aus der Perserzeit: Sitz. Ber. Preuß. Akad. Wiss. 1915, S. 287—311; die Forschungen Eduard Meyers betreffen vor allem den Gehalt des Textes an historischen Aussagen zur Perserzeit.

[18]) a.a.O., S. 428.

[19]) Die Perser werden als ,,Meder" (*Mtj*) bezeichnet, das Perserreich als ,,Fremdländer" (*h3ś·wt*); vgl. die Bezeichnung der ,,Hyksos", *hk3·w h3ś·wt*, ,,Herrscher der Fremdländer".

[20]) K. Wessely, Neue griechische Zauberpapyrus: Denkschr. Wien. Akad., phil.-hist. Kl. 42 (1893), S. 3ff.; U. Wilcken, Zur ägyptisch-hellenistischen Literatur, in: Aegyptiaca. Festschrift für Georg Ebers, Leipzig 1897, S. 146ff.; ders., Zur ägyptischen Prophetie, in: Hermes 40 (1905), S. 544ff.; R. Reitzenstein, Ein Stück hellenistischer Kleinliteratur: Nachr. Gött. Akad., phil.-hist. Kl. 4 (1904), S. 309ff.

[21]) Greßmann, a.a.O., S. 425.

[22]) R. Reitzenstein und H. H. Schaeder, Studien zum antiken Synkretismus aus Iran und Griechenland, in: Studien der Bibliothek Warburg 7 (1926), S. 38ff.; vgl. S. Luria in: Klio 22 (1929), S. 407.

[23]) Zum Beginn des Synkretismus in der Perserzeit vgl. G. Lanczkowski, Zur Entstehung des antiken Synkretismus, in: Saeculum 6 (1955), S. 227—243.

[24]) Josephus, Contra Apionem I 26, 228ff.

[25]) Herodot II 131.

kutiert worden [26]). Im ersten Text verkündet Amenophis (Amenhotep), offenbar
der Vezier Königs Amenhoteps III. (1408—1372) [27]), seinem Herrscher,
dieser werde die Götter schauen, wenn er das Land von den Aussätzigen
reinige. Der Fortgang der Geschichte in der von Manetho überlieferten Re-
zension spannt den Bogen bis zu den Hyksos und einer Flucht des Königs
Amenhotep nach Äthiopien. Der zweite Text berichtet, daß König Mykerinos
(4. Dyn.) vom butischen Orakel die Weissagung erhalten habe, er werde nur
noch sechs Jahre leben. Ein Zeugnis für echte Prophetie liefern beide Texte
in keiner Weise.

Im ganzen erscheint bei Greßmann die Frage, ob in einem Text zukünftige
Dinge vorausgesagt werden, dieser also ein Orakel darstelle, als inhaltliches
Kriterium für die Einordnung des ägyptischen wie des aus klassischer Überlieferung bekannten Stoffes in die Kategorie „ägyptische Prophetie". Allerdings gibt es im Werke Greßmanns auch Äußerungen, die darüber hinaus für
künftige Forschung wegweisend zu sein scheinen. Beachtung verdient vor
allem die Anregung, in den Rahmenerzählungen der Weissagungen keine
äußere Zutat zu sehen, sondern auf deren inneren Zusammenhang mit der
Vorhersage zu achten [28]).

Dennoch hat sich, wie ein kurzer Überblick demonstrieren mag, die Wissenschaft in der ägyptologischen, theologischen und philosophischen Disziplin im
ganzen an dies Schema gehalten und dabei nicht selten bemüht, die Divergenz
zwischen Israel und Ägypten in bezug auf das Thema Prophetie verstärkt zu
betonen. Hans Bonnet hat in seinem „Reallexikon der ägyptischen Religionsgeschichte" [29]) den Trennungsstrich vom ägyptischen Material her so scharf
gezogen, daß ihm für dieses selbst der Terminus „prophetische Literatur"
irreführend erscheint. Er begründet das mit dem Argument, daß sich die Zukunftsschau der Ägypter innerhalb zeitlich-politischen Geschehens bewege und
der eigentlich religiöse Gehalt dieser ägyptischen Vorhersagen äußerst gering
sei: „Selbst der terminus ‚prophetische' Literatur will mir irreführend erscheinen. Denn die da weissagen, sind nicht Propheten. Sie reden nicht aus
einem Ergriffensein, sie berufen sich auch nicht auf irgendwie geartete göttliche Offenbarung, sie sind nicht einmal notwendig Priester; sie sind nur Weise,
die über ein geheimes Wissen verfügen, das ihnen die Fähigkeit gibt, zu
zaubern und eben auch in die Zukunft zu sehen. Dem entspricht es, daß ihre
Zukunftsschau durchaus in dem Rahmen zeitlich-politischen Geschehens
bleibt. Ihre Erwartung geht nicht über den Anbruch besserer Zeiten hinaus,
und wenn sie diese, was übrigens die Prophetie des Lammes nicht einmal zu
tun scheint, von einem König erwarten, so ist damit ein bestimmter König
der Geschichte gemeint, dessen ‚messianische' Züge in dem ägyptischen
Königsideal gründen." Abgesehen von der undiskutiert gebliebenen Vor-
entscheidung über die Auswahl dessen, was hier überhaupt als „prophetischer"
Text anzusehen ist, hat diese Äußerung im Hinblick auf das einmal herangezogene Material in vielem Berechtigung; unverständlich bleibt allerdings

---

[26]) Greßmann, a.a.O., S. 418ff.

[27]) Vgl. Kurt Sethe, Amenhotep, der Sohn des Hapu, in: Aegyptiaca. Festschrift für Georg Ebers, S. 107ff.

[28]) a.a.O., S. 434.   [29]) Berlin 1952, Art.: Prophezeiung (S. 608f.).

die Feststellung: „. . . sie sind nicht einmal notwendig Priester"; denn die eventuelle Zugehörigkeit zum Priestertum ist niemals ein Kriterium für die Echtheit des Propheten.

Zu einem negativen Urteil kommt u. a. auch C. J. Gadd [30]): "Of prophesying, that is declaring of the god's will by specially inspired or chosen persons, little is heard in Egypt. The wonder-worker who went on from his uncanny exhibitions to foretell before King Cheops the future of the royal family is only fictitious, and in any case a mere magician. There is nothing prophetic about the Admonitions of a Sage, or even the 'predictions' after the event of the priest Nefer-rehu; they are rather moralists, which is much in the Egyptian tradition, than prophets, which is not. That Israelite prophecy was inspired by Egyptian example is a very improbable supposition."

Ernst Sellin verweist in seinem Buche „Der alttestamentliche Prophetismus" [31]) auf formale und inhaltliche Differenzen zum ägyptischen, den er, was sich auch hier allein aus der Auswahl des herangezogenen Materials verstehen läßt, ganz, soweit es sich um die Verkündigung des Gotteswillens handelt, der magischen Sphäre zuweisen will [32]); hinsichtlich der Verkündigung der Zukunft übernimmt er das Urteil Eduard Meyers [33]). Auch August Freiherr von Gall lehnte in seinem Buche *ΒΑΣΙΛΕΙΑ ΤΟΥ ΘΕΟΥ* [34]) Verwandtschaft zwischen biblischer und ägyptischer Prophetie ab: „Die (ägyptischen) Weissagungen sind alle vaticinia post eventum, sie schildern Geschichte in Form von Prophezeiungen" [35]). Ebenso kommt Erich Fascher in seiner Untersuchung *ΠΡΟΦΗΤΗΣ* [36]) im wesentlichen zu dem Urteil, daß in Ägypten keine echte Prophetie vorliege, die prophetische Gattung vielmehr nur als literarische Einkleidung fungiere. Schließlich ist, um die Zitation charakteristischer Äußerungen zu vervollständigen, darauf zu verweisen, daß von seiten jüdischer Religionsphilosophie Hermann Cohen in seinem Werke „Die Religion der Vernunft aus den Quellen des Judentums" [37]) in apodiktischer Weise von der historischen Singularität der israelitischen Prophetie gesprochen hat [38]).

Überschaut man diese wissenschaftlichen Äußerungen mit ihrer Verhärtung eines für das Thema ägyptischer Prophetie negativen Urteils, so läßt sich unschwer feststellen, daß sie deshalb nicht als letztgültige Resultate akzeptiert werden können, weil sie, je nachdem ob es sich um Israel oder Ägypten handelt, von einem uneinheitlichen, also ungeklärten Begriff von Prophetie ausgehen und demzufolge das überkommene Material unter ganz verschiedenen Gesichtspunkten bewerten. Während für die alttestamentliche Forschung „Prophetie" schon längst nicht mehr allein Terminus für eine im wörtlichen Sinne zu verstehende Vorankündigung kommender Heilsgeschehnisse ist, sondern vor allem Habitus einer ganz speziellen Art religiöser Verkündigung [39]), wird der ägyptische Stoff im wesentlichen weiter unter dieser

---

[30]) Ideas of Divine Rule in the Ancient Near East, London 1948, S. 24.
[31]) Leipzig 1912.   [32]) a.a.O., S. 226ff.
[33]) a.a.O., S. 234ff.   [34]) a.a.O., s. Anm. 16.
[35]) a.a.O., S. 81.   [36]) Gießen 1927, S. 93ff.
[37]) Leipzig 1919.   [38]) a.a.O., S. 302f.
[39]) Vgl. hierzu u. a.: Walther Zimmerli, Der Gott der Propheten, in: Hamburger Akademische Rundschau, Jg. 2, H. 1—2, S. 1—10.

Kategorie der Voraussage gewertet und — was noch entscheidender ist — unter diesem Vorverständnis ausgewählt. Eine begriffliche Klärung von „Prophetie" erweist sich mithin als unerläßliche Vorbedingung für Auswahl, Interpretation und Vergleichung ägyptischen Stoffes unter diesem Gesichtspunkt. Eine solche Klärung ist um so notwendiger, als in der klassischen Tradition ein bestimmter ägyptischer Priesterrang, der „Gottesdiener", in einer für unser Verständnis irreführenden Weise und aus ungeklärten Gründen mit προφήτης wiedergegeben wurde[40]). Bereits im Jahre 1914 hat Sir Alan Gardiner die skizzierten Schwierigkeiten gekennzeichnet und damit, teilweise im Anschluß an Breasted[41]), die terminologische Festlegung des Begriffs 'Prophetie' angeregt[42]): "It has been much discussed of late, with an eye to possible borrowings or imitations how far the Egyptians can be said to have possessed a prophetic literature; and as was almost inevitable critics have misunderstood one another over the meaning assigned to the term „prophetic". Professor Breasted has very much properly pointed out that prediction is by no means the whole, nor even necessarily a part, of prophecy as exhibited in the prophetic writings of the Hebrew . . ."

b) Zum Begriff des Prophetischen

Die Uneinheitlichkeit bei der Verwendung der phänomenologischen Kategorie des Propheten, wie sie eine wissenschaftsgeschichtliche Betrachtung der bisherigen Äußerungen zum Thema der ägyptischen Prophetie deutlich werden läßt, ist symptomatisch für die neutrale, inhaltlich weitgehend entleerte und daher vielfachen Deutungen offene Verwendung des Begriffs in heutiger Zeit[1]). Ist Sprache an sich und insbesondere hinsichtlich der Verwendung religiöser Termini ein Ausdruck für die religiöse Situation einer Epoche[2]), so deutet der abgegriffene Sprachgebrauch, mit dem wir von „Wetter-

---

[40]) Der „Gottesdiener" (ḥm nṯr) stellt die häufigste ägyptische Priesterklasse dar. Für seine griechische Wiedergabe vgl. u. a. Diodor I 73, 4. Mit dem Ekstatikertum hat diese Priesterklasse nichts zu tun; vgl. Heinrich Brugsch, Die Ägyptologie, Leipzig 1897, S. 275 ff.; Adolf Erman und Hermann Ranke, Ägypten und ägyptisches Leben im Altertum, Tübingen 1923, S. 330; Fascher, a.a.O., S. 78; Walter Otto, Priester und Tempel im hellenistischen Ägypten, Bd. I, Leipzig und Berlin 1905, S. 81; Friedrich Preisigke, Fachwörter des öffentlichen Verwaltungsdienstes Ägyptens, Göttingen 1915, S. 153.

[41]) Development of Religion and Thought in Ancient Egypt, New York 1912, S. 212.

[42]) JEA 1 (1914), S. 100.

[1]) Vgl. Heinrich Frick, Der Begriff des Prophetischen in Islamkunde und Theologie, in: Studien zur Geschichte und Kultur des nahen und fernen Ostens (Paul Kahle-Festschrift), Leiden 1935, S. 86: „. . . sowohl in der Darstellung der alttestamentlichen Prophetie als auch in der Darstellung des Propheten Mohammed herrscht ja der neutrale Begriff von ,Prophet' als phänomenologische Kategorie vor."

[2]) Adolf von Harnack, Reden und Aufsätze, Bd. II, S. 167: „Die Religion hat zum Teil die Sprache geschaffen, und in der Sprachgeschichte spiegelt sich die Religionsgeschichte."

propheten" oder „politischen Propheten" sprechen[3]), auf unseren nicht nur zeitlichen, sondern auch inhaltlichen Abstand vom Phänomen des Prophetismus und zugleich auf das vorherrschende Verständnis im Sinne einer Vorhersage[4]).

Der Begriff des Propheten ist von der griechischen Sprache gebildet und zuerst auf Erscheinungen der griechischen Religion angewandt worden. In ihr sind die Musen die Göttinnen des Wahrsprechens[5]), und vor allem Apollon ist der große Prophet[6]), der wahrscheinlich aus Kleinasien stammende Gott, der sich des ursprünglich der Erdgöttin Gē geweihten delphischen Heiligtums bemächtigt[7]), wo er, an der angesehensten und berühmtesten Orakelstätte des alten Hellas, durch den Mund der Pythia, der „Befragerin", zukünftige Dinge voraussagt. Propheten und Prophetinnen[8]) erteilen mithin ein μαντεῖον, einen Orakelspruch. Neben dem mantischen Moment, das in dieser religiösen Tätigkeit vertreten ist, erweist sich die Tatsache des Ausspruchs, der Akt des Sprechens als konstitutiv für den Begriff des Propheten; das liegt bereits in der lateinischen Wiedergabe von μαντεῖον, dem Worte *oraculum*, das zu *os, oris* („Mund") zu stellen ist und somit ursprünglich „Sprechstätte" bedeutet. Damit ist ein zwar durchaus nicht erschöpfendes, aber doch wichtiges Charakteristikum des Propheten gewonnen. Denn die Tatsache, daß sich hier die Vertretung numinoser Macht im Sprecher manifestiert, grenzt den Begriff des Propheten ab gegen andere Vertreter des Numinosen, den sakralen König vor allem[9]).

Aber die Tatsache der Verkündigung durch das Wort allein genügt nicht, um das Prophetentum terminologisch zu erfassen. Es fehlt zunächst die Abgrenzung gegenüber dem Priester, der als Verkünder der Kultlegende die Funktion des religiösen Sprechens hat[10]). Im Gegensatz zum Propheten ist der Priester, dessen Amt durch Differenzierung aus dem sakralen Königtum ent-

---

[3]) Vgl. Curt Kuhl, Israels Propheten (Dalp-Taschenbücher, Bd. 324), München und Bern 1956, S. 6.

[4]) Merkwürdigerweise verwendet auch Arnold Toynbee, An Historian's Approach to Religion, London 1956, S. 123 „Prophetie" in einem wenig speziellen Sinn.

[5]) Walter F. Otto, Theophania. Der Geist der altgriechischen Religion, Hamburg 1956, S. 31.

[6]) F. Dirlmeier, Apollon, in: ARW 36 (1939), S. 277—299.

[7]) Karl Prümm, Die Religion der Griechen, in: Christus und die Religionen der Erde, Bd. II, Freiburg i. Br. 1951, S. 93.

[8]) Wie der Schamanismus kennt auch das Prophetentum weibliche Vertreter; zu Frauen, die im AT als „Prophetin" (נְבִיאָה) bezeichnet werden, vgl. Ex 15,20 (Mirjam), Ri 4,4 (Debora), 2.Kön 22,14 (Hulda), Jes 8,3 (die Frau des Propheten Jesaja; vielleicht nur im Sinne von „Ehefrau eines Propheten"), Neh 6,14 (Noadja).

[9]) Vgl. G. van der Leeuw, Phänomenologie der Religion, Tübingen 1933, S. 196ff. Vgl. ferner: Hans Duhm, Der Verkehr Gottes mit den Menschen im Alten Testament, Tübingen 1926, S. 95: „Die Propheten sind ... Männer des Wortes. Das ist das erste, was uns in die Augen fällt, und es ist die Hauptsache. Sie haben ihrem Volke etwas zu sagen, das ist ihre Aufgabe."

[10]) In Griechenland wurde der Sprecher, der an den Festen die Kultlegende verkündigte, ursprünglich ebenfalls als „Prophet" bezeichnet: O. Kern in: ARW 26 (1928), S. 3f.

standen ist[11]), der berufsmäßige Vertreter des Göttlichen, der die numinose Macht ex officio vertritt, der Berufsfromme im Gegensatz zum Berufenen[12]). Sein Amt ist durch eine Stabilisierung der sakralen Macht gekennzeichnet und in einer Weise, wie sie erstmals der Neuplatoniker Porphyrios (232—304) beschrieben hat[13]), gerade durch die traditionelle Erfüllung festgesetzter Funktionen legitimiert. Der Priester ist mithin der Vertreter eines statischen Elementes, das im Gegensatz zum schöpferischen Durchbruch steht, der sich im Propheten vollzieht.

Man ist, um den spezifischen Gehalt dieser dynamischen Komponente des Prophetentums zu bestimmen, von der Wortbedeutung von προφήτης ausgegangen und hat mit Recht darauf verwiesen, daß in ihr nicht in erster Linie das Moment des „Vorher-Sagens", sondern des „Hervor-Sagens" liegt[14]). Das Wort προφήτης gehört zu den auf -της ausgehenden nomina agentis, die auf ein Verbum zurückgehen[15]). Wir können es zu dem im Griechischen allerdings erst spät bezeugten πρόφημι (lat. profari) stellen[16]); die Präposition πρό bedeutet primär „heraus" und nicht „vorher". Auch über die spezifische Art des prophetischen Hervorsagens geben bereits sprachliche Betrachtungen einen ersten Aufschluß. Das Wort μάντις als Synonym zu προφήτης bezeichnet ursprünglich den „Wahnsinnigen", das lateinische Äquivalent vates, das mit dem deutschen „Wut" etymologisch verwandt ist[16a]), den „Besessenen". Ein außergewöhnliches, dem profanen Verständnis als krank erscheinendes Verhalten kommt darin zum Ausdruck[17]). Es ist das mit der ἔκ-στασις dem „Außer-sich-gestellt-sein", bezeichnete Moment in seiner doppelten Bedeutung[18]): der Entpersönlichung beim Vollzug des prophetischen Aktes und zugleich der Gottfülle, die an die Stelle der menschlichen Individualität tritt und für die Plotin, als er vom „Stand-Gewinnen im Göttlichen" (ἐν τῷ θείῳ στάσις)[19]) sprach, den Begriff des Enthusiasmus prägte[19a]). Damit ist das Moment des Mantischen, wenn auch prinzipiell nicht ausgeschaltet, so doch in wesentlicher Weise durch das der Ekstase ergänzt; denn in jedem Falle handelt es sich bei prophetischen Vorhersagen nicht um technische

[11]) F. M. Th. de Liagre Böhl, Priester und Prophet, in: Opera Minora, Groningen und Djakarta 1953, S. 50ff.

[12]) Heinrich Frick, Vergleichende Religionswissenschaft (Sammlung Göschen, Bd. 208), Berlin und Leipzig 1928, S. 41f.

[13]) De abstinentia IV 6 ff.   [14]) Kuhl, a.a.O., S. 6f.

[15]) Ernst Fraenkel, Geschichte der griechischen Nomina agentis auf -τηρ, -τωρ, -της, Bd. I, Straßburg 1910, S. 31ff.

[16]) Fascher, a.a.O., S. 6.

[16a]) Wahrscheinlich gehört zur selben Wortsippe der Göttername Wodan; vgl. Friedrich Kluge, Etymologisches Wörterbuch der deutschen Sprache, 17. Aufl. bearb. von Walther Mitzka, Berlin 1957, S. 873.

[17]) Vgl. Hans Heimann, Prophetie und Geisteskrankheit, Bern 1956.

[18]) Vgl. Walter Schubart, Religion und Eros, München 1944, S. 126.

[19]) Enneaden VI 6ff.

[19a]) Vgl. van der Leeuw, a.a.O., S. 204: „Der Prophet ist ein bloßes Werkzeug der Macht, er ist ‚des Gottes voll' (Enthusiast), seiner selbst leer." Th. H. Robinson, Die prophetischen Bücher im Lichte neuer Entdeckungen, in: ZAW NF Bd. 4 (1927), S. 6f., will im Fehlen ekstatischer Erfahrungen bei den ägyptischen Propheten den wesentlichsten Unterschied zur alttestamentlichen Prophetie sehen.

Orakel etwa im Sinne der babylonischen oder etruskischen Vorzeichenlehre, sondern um Inspirationsorakel, und die Frage, ob stellvertretendes Sprechen im Auftrage eines Gottes vorliegt, gibt damit ein wesentlicheres Kennzeichen für den homo propheticus als das der Verkündigung der Zukunft; diese Verkündigung ist nur Teil der generellen Einsicht in das göttlich Richtige und Wahre.

Die Religion des Griechentums, bei der zunächst Aufschlüsse über den zuerst von ihr geprägten Begriff des Prophetischen gesucht werden müssen, bestätigt in der Sache die sprachlichen Ergebnisse. Die Wahrsprechenden, die Propheten und Dichter, verstehen sich als sakrale „Diener" (πρόπολοι) und „Gefolgsleute" (θεράποντες) der Musen; bereits der Anfangvers der Ilias:

„Singe, Göttin, den Zorn des Peleussohnes Achilleus!"

bringt das Wesen des auftragsgebundenen, stellvertretenden Redens zum Ausdruck[20]). Es ist die göttliche Gnadengabe (χάρισμα), die in den Sehern wirkt: „... sie sehen nur, was der Gott sieht und die Seele des Menschen, die der Gott ausfüllt"[21]). Kassandra, die uns Aischylos als Typus einer ekstatischen Seherin vor Augen stellt[22]), ist eines der hervorragendsten Beispiele des Griechentums; sie ist die „von Begeisterung umgetriebene Bakche"[23]), und Euripides spricht von dem „verzückten Haupt der göttlichen Wahlspruch verkündenden Kassandra"[24]).

Aber mit diesen sprachlichen und sachlichen Bezügen ist der Begriff des Prophetischen im religionsgeschichtlichen Verständnis noch nicht genügend umschrieben, weil eine klare Abgrenzung zum Wesen des Schamanismus noch aussteht. Eine solche ist aus sachlichen wie aus historischen Gründen notwendig; denn wir haben mit Sicherheit in älterer Zeit mit einem über die heutigen arktischen Verbreitungsgebiete der schamanistischen Religionsform[25]) weit hinausgehenden Auftreten zu rechnen, dessen Ausstrahlungen auch den Mittelmeerraum erreichten; für das delphische Orakel werden schamanistische Einflüsse angenommen[26]). Auch die Schamanen „sind von der übrigen Gesellschaft durch die Intensität ihres religiösen Erlebnisses abgesondert"[27]). Sie stehen unter der zwangsmäßigen Ergriffenheit vom Geiste eines höheren Wesens[28]). Der Schamane ist „der große Meister der Ekstase"[29]). Er tritt mit Geistern in Verbindung und verkündet deren Willen.

---

[20]) W. F. Otto, a.a.O., S. 31.

[21]) Erwin Rohde, Psyche. Seelenkult und Unsterblichkeitsglaube der Griechen (Kröners Taschenausgabe, Bd. 61), Stuttgart o. J., S. 170.

[22]) Agamemnon 1140.   [23]) Euripides, Hecuba 121.

[24]) a.a.O., S. 666.

[25]) Georg Nioradze, Der Schamanismus bei den sibirischen Völkern, Stuttgart 1925; Hans Findeisen, Schamanentum, dargestellt am Beispiel der Besessenheitspriester nordeurasiatischer Völker (Urban-Bücher, Bd. 28), Stuttgart 1957.

[26]) Prümm, a.a.O., S. 94.

[27]) Mircea Eliade, Schamanismus und archaische Ekstasetechnik, Zürich und Stuttgart 1957, S. 17.

[28]) J. W. Hauer, Die Religionen, Bd. I, Berlin, Stuttgart, Leipzig 1923, S. 466.

[29]) Eliade, a.a.O., S. 14. Dieses ekstatische Moment würde bereits im Namen zum Ausdruck kommen, wenn man ihn mit Sicherheit von tungusisch *shaman* ab-

In der Tat wird im allgemeinen eine Herkunft der beiden unterschiedlichen, polaren Typen von homines religiosi höherer und persönlicher Religionsformen, der passiven Gestalt des Mystikers und der aktiven des Propheten[30]), aus dem Schamanismus angenommen[31]). Aber der wesensmäßige Unterschied, der den Propheten von seinem geschichtlichen Ursprung trennt, muß, wenn es sich nicht nur um eine graduelle Höherwertigkeit handeln sollte, eindeutig definierbar sein. Die drei Momente, die bislang herausgestellt werden, erfüllen diese Forderung nicht restlos. Verweist man nämlich im Sinne eines unterscheidenden Kennzeichens auf die künstliche Hervorrufung ekstatischer Zustände beim Schamanen durch Krankheit, Tanz, Rasseln und Trommeln sowie durch Rauschgift, so ist dem entgegenzuhalten, daß auch beim Propheten die Auslösung der Intuition nicht frei von künstlichen Mitteln zu sein braucht; wir kennen aus den Elisageschichten des Alten Testaments das Mittel der Musik[32]) und des starren Hinblickens[33]); ferner wird von Einschnitten in die Haut berichtet[34]). Auch der Versuch, beim Schamanen im stärkeren Maße den Vertreter einer Institution zu sehen und ihm die Spontaneität des Prophetentums entgegenzusetzen[35]), deckt sich nicht lückenlos mit dem historischen Befund. Ezechiel ist priesterlicher Herkunft[36]) und, wie aus seiner genauen Kenntnis des vorexilischen Tempels geschlossen werden kann, wohl selbst Jerusalemer Priester gewesen[37]). Auch Zarathushtra war als Priester (zaotar) ausgebildet worden[38]). Zweifellos reichen daher diese Charakteristika nicht aus, um den Prophetismus eindeutig als „einzigartige Erscheinung der Religionsgeschichte überhaupt"[39]) zu erweisen. Deshalb ist die größere Tiefe des prophetischen Erlebens gegenüber dem schamanistischen hervorgehoben worden. Dieser dritte Punkt bedarf, um nicht als graduelle Steigerung mißverstanden, sondern in seiner prinzipiellen Andersartigkeit erkannt zu werden, einer Begründung.

Für die Begriffsgeschichte von προφήτης ist ein bestimmtes Datum entscheidend, die Wiedergabe nämlich des alttestamentlichen Wortes נָבִיא durch προφήτης, wie sie durchweg in der Septuaginta vorgenommen wird. Durch diesen Vorgang ist unser heutiges religionswissenschaftliches Verständnis des Begriffs in einer bestimmten Weise geformt, und der Rückgriff auf das

---

leiten könnte, womit ekstatische Zustände bezeichnet werden. Eine andere Ableitungsmöglichkeit bietet Pāli samana (Skr. śramana, toch. samāne, chines. shamen), „Wanderer, Einsiedler, Mönch"; vgl. im einzelnen: J. Németh, Über den Ursprung des Wortes shaman und einige Bemerkungen zur türkisch-mongolischen Lautgeschichte, in: Keleti Szemle 14 (1913—1914), S. 240—249; B. Laufer, Origin of the word shaman, in: American Anthropologist 19 (1917), S. 361—371.

[30]) Beste Charakteristik der beiden Typen bei: Friedrich Heiler, Das Gebet, 5. Aufl., München 1923, S. 248—283; vgl. auch: H. Frick, Vergleichende Religionswissenschaft, S. 107—122.

[31]) Vgl. Heiler in: Numen 1 (1954), S. 161.   [32]) 2. Kön 3, 15.

[33]) 2. Kön 8, 11.   [34]) Sach 13, 6.

[35]) Böhl, a.a.O., S. 52.   [36]) Ez 1, 3.

[37]) Vgl. Artur Weiser, Einleitung in das Alte Testament, Stuttgart 1939, S. 178.

[38]) Yasna 33, 6.

[39]) L. Dürr, Wollen und Wirken der alttestamentlichen Propheten, Düsseldorf 1926, S. 2.

griechische Ursprungsgebiet des Terminus reicht seitdem zum Verständnis nicht mehr aus. Die Tatsache der Übersetzung an sich hat natürlich eine generelle Übersetzungsmöglichkeit zur Voraussetzung, d. h. eine Affinität des griechischen und hebräischen Begriffs, die auf analogen Verhaltensweisen der Vertreter des Prophetismus in beiden Gebieten beruht. Aber verschieden ist der Inhalt des jeweiligen Erlebnisses insofern, als die Gotteserfahrung der israelitischen Propheten von dem Gott des Alten Testaments geprägt ist; die ständig wiederkehrende Formel: „So spricht Jahwe" charakterisiert die Propheten Israels. „Die Propheten des Alten Testaments sind von Gott ergriffene, zu Gott entrückte Männer gewesen"[40]). Ist für den Propheten entscheidend ein entpersönlichtes, objektives Reden, mit dem er als Vertreter der numinosen Macht auftritt[41]), so ist der Charakter der Propheten geprägt durch den Gott, von dem er Kunde gibt. Für die Propheten Israels, deren geschichtliche Erscheinung den religionswissenschaftlichen Begriff des Prophetismus entscheidend bestimmt hat, „ ist das Wesentliche . . . nicht, was sie über den Menschen und seine Anliegen, über die Zukunft ihres Volkes, der Welt oder des einzelnen sagen, sondern alles steht unter dem Ziel, daß sie Stimme Gottes, Licht Gottes, Gott selbst zu bringen beauftragt sind"[42]).

Rudolf Otto hat den damit geprägten Typus des Propheten mehrfach religionsgeschichtlich definiert. Ausgehend von dem Zeugnis des Alten Testaments schrieb er in seinem Aufsatz „Profetische Gotteserfahrung"[43]): „Ruach[44]) ist, was, in den Menschen eingehend, diesen selber zum Wunderwesen macht und in ihm das Wundersame, besonders das Profetische wirkt, aber allgemein den Zustand des ‚Enthusiasmus' in ihm schafft, einen Zustand seltsamen inneren Brandes, der im ‚Eifern um Jahveh' sich auswirkt." Die Einzigartigkeit dieses prophetischen Erlebnisses hat Rudolf Otto betont ausgesprochen[45]): „. . . die höhere Intuition profetischer Gottesidee, die . . . völlig eigen, unvorhersehbar, unkonstruierbar neu aufbricht als ‚schöpferisch neu hervorgebracht', wie der Religionsgeschichtler anerkennen muß, als eine ‚revelatio specialis', wie der Theologe behaupten wird." Und schließlich hat Rudolf Otto den Propheten als religionsgeschichtlich eigenständigen Typus erfaßt, wenn er am Schlusse seines Werkes über „Das Heilige"[46]) zwischen den Typus gewöhnlicher religiöser Empfänglichkeit und den des „Sohnes"[47]) den Propheten einreiht und über ihn im Vergleich zum gewöhnlichen Religiösen schreibt: „Die höhere Potenz und Stufe aber, unableitbar aus der ersten Stufe bloßer Empfänglichkeit, ist hier der Profet, das heißt der den Geist als

---

[40]) Paul Volz, Prophetengestalten des Alten Testaments. Sendung und Botschaft der alttestamentlichen Gotteszeugen, Stuttgart 1938, S. 7.

[41]) van der Leeuw, a.a.O., S. 206f.   [42]) Volz, a.a.O., S. 5.

[43]) In: Sünde und Urschuld, 5.—6. Aufl., München 1932, S. 65.

[44]) רוּחַ = „Hauch, Geist, animus", insbes. „Geist Gottes". Rudolf Otto definiert רוּחַ (a.a.O., S. 66) als das „Begeisternd-Schaffende".

[45]) a.a.O., S. 70.

[46]) Zitiert nach der 23.—25. Aufl., München o. J., S. 204f.

[47]) Zur Frage, ob damit ein christliches Bekenntnis verbunden sei, vgl. Heinrich Frick, Gedächtnisrede auf Rudolf Otto, in: Rudolf-Otto-Gedächtnisfeier der Theologischen Fakultät der Philipps-Universität, Berlin 1938.

das Vermögen der ‚Stimme von innen' und als das der Divination und, durch beide, als religiöse Produktionskraft besitzt."

Die subjektiven Kennzeichen des prophetischen Typus sind oft aufgezeigt worden. Sie resultieren aus der Aufgabe der auftragsgebundenen, objektiven Rede; denn „... der Prophet ist nichts mehr als nur ein Bote Gottes vermöge der Botschaft Gottes an den eigenen Geist. Gott kommuniziert unvermittelt mit dem Propheten; jedes Orakel und alles Priesterwesen wird dabei ausgeschaltet"[48]. Aus der Unmittelbarkeit des Gottesumganges folgert aber auch „die Einsamkeit dieses Mittlerdienstes"[49] und die Abwehr des Propheten gegen seine Berufung[50], die zugleich ein absolutes Herausgenommensein aus der menschlichen Umwelt mit sich bringt; denn der Prophet ist nur noch Ausdruck seines Gottes. Mose ist der große Prototyp: „Der leidenschaftliche Mose ist ganz das treue Abbild des leidenschaftlichen Jahve, dessen Abzeichen Feuer, sengende Glut, Blitz und Donner sind"[51].

Dem unwiderstehlichen Zwang, dem der Prophet unterliegt, liegt ein spezifisches Gotteserlebnis zugrunde[52]. In ihm wird Gott als Person und als Akt erlebt. Dieser personale, dynamische und voluntaristische Zug hebt die eigentlich prophetische Gotteserkenntnis sowohl von ihren Vorstufen ab wie auch von der intellektualistischen Gotteserkenntnis, deren philosophischer Prototyp der Platonismus ist[53]. Die Erfahrung des alttestamentlichen Gottes ist das Erlebnis eines übermächtigen Willens[54], der unteilbar ist und daher dem monotheistischen Gottesbegriff zugrunde liegt[55]. Die Qualität der Allwissenheit ist ihm eigen[56]. Vor allem aber ist es die Erfahrung einer unbedingten Forderung, die als Reflex des übermächtigen Willens im Vordergrund des

---

[48]) Hermann Cohen, a.a.O., S. 302f.

[49]) Gerhard von Rad, Mose, Göttingen 1940, S. 7.

[50]) Vgl. von Orelli, Art.: Mose, in: RE³, Bd. 13, S. 486f. über Mose: „Mit großer psychologischer Wahrscheinlichkeit wird der Widerstand Moses gegen diese Berufung dargestellt."

[51]) Georg Beer, Mose und sein Werk, Gießen 1912, S. 21.

[52]) Vgl. Johannes Hempel, Gott und Mensch im Alten Testament, 2. Aufl., Stuttgart 1936, S. 95f.

[53]) Johannes Hessen, Platonismus und Prophetismus. Die Antike und biblische Geisteswelt in strukturvergleichender Betrachtung, 2. Aufl., München und Basel 1955, S. 56.

[54]) Vgl. u. a. Jes 40,12. 15—17. 22—26; Alfred Bertholet, Das Dynamische im Alten Testament, Tübingen 1926; P. Volz, Das Dämonische in Jahve, 1924, bes. S. 31. Nach Nathan Söderblom, Das Werden des Gottesglaubens, 2. Aufl., Leipzig 1926, S. 279, lebt noch in der höheren Sphäre der alttestamentlichen Religion der animistische Grundzug des heftigen Naturgeistes, der Wille, fort.

[55]) Raffaele Pettazzoni, Dio. Formazione e sviluppo del monoteismo nella storia delle religioni, Bd. I, Roma 1922, S. X: "Non dai Greci derivò il Cristianesimo il suo monoteismo; ma da Israele. Non dall' intellettualismo speculativo; ma dalla religione. Chè nell' antico Israele la speculazione fu nulla, e la religione fu tutto. Quello spirito voluntaristico onde il Cristianesimo si distinse nel suo primo momento dall' Ellenismo aveva già in Israele i suoi precedenti immediati e remoti."

[56]) R. Pettazzoni, L' onniscienza di Dio, Torino 1955, S. 153—155; vgl. Pettazzoni, The All-Knowing God, London 1956, S. 105—107.

prophetischen Erlebnisses steht[57]) und den Propheten zum Werkzeug Gottes macht[58]).

Dieser Wille ist normativ. Wie es für den Propheten kein autonomes Menschentum gibt, so gibt es für ihn auch kein autonomes Sittengesetz[59]). Der Primat des Ethos im Prophetismus, der einem Primat des Logos im Platonismus gegenübersteht[60]), wurzelt in einer transzendenten Betrachtung des Seins, die den Menschen nicht immanent, sondern allein als creatura Dei und damit einem höheren Willen unterworfen sieht: „Recht und gut ist, was Jahwe gebietet, und weil er es gebietet, ist es absolut verpflichtend. Er wäre nicht der Herr, dessen leidenschaftlicher Wille zur Selbstdurchsetzung wie ein Feuer in der Seele des Propheten brennt, wenn etwas anderes als unbedingter Gehorsam seinen Geboten gegenüber denkbar wäre"[61]). Daher verbindet sich mit der prophetischen Botschaft die Verkündigung des göttlichen Strafgerichts an einer sündigen Menschheit[62]).

Ein Aktualismus, der das Sein nicht statisch, sondern dynamisch faßt, kennzeichnet das aus dem dynamischen Charakter des prophetischen Gottes resultierende Welterlebnis[63]). Als Manifestation Gottes in Raum und Zeit wird die Geschichte erlebt[64]). Auch die ethische Forderung ist unter den absoluten Ernst eines hic et nunc gestellt. „So ist für den prophetischen Menschen die Zeit die allem Seienden wesentliche Existenzform"[65]). Im geschichtlichen Gotterleben ist die prophetische Religion gegründet. Die Funktion der prophetischen Vorhersage ist diesem Erlebnis untergeordnet als Ausfluß einer Theologie der Geschichte, der ein Ernstnehmen der geschichtlichen Wirklichkeit in ihrem Charakter als Ausdruck göttlichen Handelns an der Menschheit zugrunde liegt[66]).

Die Anschauung von der Temporalität des Seins ist m. E. ein entscheidendes, vielleicht das wesentliche Kriterium bei der Erfassung nicht allein des alttestamentlichen Prophetismus, sondern des religionswissenschaftlichen Begriffs des Prophetischen schlechthin. Soll jedoch das Zeit- und Geschichtsverständnis als Maßstab für echte Prophetie dienen, so bedarf es einer Erläuterung über dessen materiale Struktur. Ein Ernstnehmen der Geschichte schließt die Singularität des historischen Vorgangs ein. Damit bedeutet das prophetische Verständnis der Geschichte eine unbedingte Absage an den Gedanken eines kyklischen Geschehens, sei dies als einmaliger Kreislauf oder, mit dem Gedanken einer ἀποκατάστασις des Kosmos, in ständigen Wiederholungen vorgestellt[67]). Prophetisch ist demgegenüber eine lineare, irre-

---

[57]) Vgl. H. W. Hertzberg, Prophet und Gott, Gütersloh 1923, S. 54.

[58]) Jer 20, 7.   [59]) Vgl. J. Hessen, a.a.O., S. 117.

[60]) a.a.O., S. 116.

[61]) W. Eichrodt, Theologie des Alten Testaments, Bd. I, Leipzig 1933, S. 192.

[62]) B. Bendokat, Die prophetische Sendung, Berlin 1938, S. 11: „Die Botschaft der Propheten ist nicht Abwehr, sondern Angriff . . . Sie sind Sturmvögeln zu vergleichen, die einem Unwetter voranfliegen."

[63]) Wesentliches hierzu bei J. Hessen, a.a.O., passim.

[64]) J. Hempel, a.a.O., S. 86.   [65]) Hessen, a.a.O., S. 90.

[66]) Vgl. Martin Buber, Falsche Propheten, in: Die Wandlung 2 (1947), S. 277—283.

[67]) Vgl. Hans Leisegang, Denkformen, Berlin und Leipzig 1928, S. 343—435: Kreisförmige Entwicklung und gradliniger Fortschritt.

versible und teleologische Geschichtsschau. Der Beginn des geschichtlichen
Prozesses ist für sie nicht belanglos, sowohl hinsichtlich der Weltschöpfung
wie der ethischen Offenbarung [68]). Aber der Entscheidungscharakter des geschichtlichen Prozesses ist vom Ende, vom ἔσχατον bestimmt [69]): ,,... ohne
diese eschatologische Perspektive ist der prophetische Gottes- und Geschichts-
glaube schlechterdings undenkbar." Für diese von den israelitischen Propheten
verkündete Eschatologie, auf der das historische Bewußtsein des Abendlandes
beruht, ist die Zukunft der Brennpunkt der Geschichte. ,,Die Bedeutung
dieser Hinsicht auf ein letztes Ende, als *finis* und *telos*, besteht darin, daß sie
ein Schema fortschreitender Ordnung und Sinnhaftigkeit bereitstellt, das die
antike Furcht vor *fatum* und *fortuna* überwinden konnte. Das *eschaton* setzt
dem Verlauf der Geschichte nicht nur ein Ende, es gliedert und erfüllt ihn
durch ein bestimmtes Ziel. Der eschatologische Gedanke vermag die Zeitlichkeit der Zeit zu beherrschen, die ihre eigenen Geschöpfe verschlingt, wenn sie
nicht durch ein letztes Ziel sinnvoll begrenzt wird. Dem Kompaß vergleichbar,
der uns im Raum Orientierung gibt und uns befähigt, ihn zu erobern, gibt der
eschatologische Kompaß Orientierung in der Zeit, indem er auf das Reich
Gottes als das letzte Ziel und Ende hinweist" [70]).

c) Vergleichsmaterial

In der Gotterfülltheit und der ihr korrespondierenden Entpersönlichung des
prophetischen Mittlers liegt es beschlossen, daß das Prophetentum nicht in
einer Weise, die allein aus Distanz möglich ist, über das zentrale Erlebnis
reflektiert und versucht, es zu dogmatisieren. ,,Ein Verkehr ... zwischen zwei
Persönlichkeiten ist nicht in erster Linie auf Enthüllungen über das Wesen
beider gerichtet, sondern auf Betätigung der Gesinnung, die man gegen-
einander hegt, und auf Erfüllung der Pflichten, die das Verhältnis jedem der
Teilnehmer auferlegt" [1]). Gerade daraus aber, daß die prophetische Intention

---

[68]) N. W. Porteous, The Basis of Ethical Teaching of the Prophets, in: Studies
in Old Testament Prophecy, presented to Professor Theodore H. Robinson,
Edinburgh 1950, S. 143—156.

[69]) Frankfort-Wilson-Jacobsen, The Intellectual Adventure of Ancient Man,
Chicago 1946, S. 26: "For the Jews the future is normative. For the Egyptians,
on the other hand, the past was normative; and no pharaoh could hope to achieve
more than the establishment of the conditions, as they were in the time of Rē, in
the beginning."

[70]) Karl Löwith, Weltgeschichte und Heilsgeschehen. Die theologischen Voraussetzungen der Geschichtsphilosophie (Urban-Bücher, Bd. 2), Stuttgart 1953, S. 26.

[1]) B. Duhm, Die Theologie der Propheten, Bonn 1875, S. 75; vgl. auch Hans
Duhm, Der Verkehr Gottes mit den Menschen im Alten Testament, Tübingen 1926,
S. 95: ,,Für uns ist es bedauerlich, daß die Propheten über die Art, wie sie die Mit-
teilungen von Gott empfangen, nur selten etwas ausführlicher sprechen. Von ihnen
selber aus ist diese Zurückhaltung verständlich, denn die Propheten sind keine
,,Denker", keine Theologen oder Philosophen, die sich und anderen über die Möglichkeit und Wirklichkeit ihrer Inspiration Rechenschaft ablegen müßten, für sie
ist ihre Beauftragung einfache Tatsache. Amos sagt nicht, wie ihn Gott hinter den
Schafen weg berufen habe, sondern nur, daß es geschah."

sich in mannigfachen und jeweils spezifischen Verhaltensweisen des prophetischen Auftretens, der Formen und Inhalte der Verkündigung ausdrückt,
ergibt sich, wenn es darum geht, nach dem Vorkommen des Typus in einer
bestimmten Kultur zu fragen, die Notwendigkeit der Heranziehung eines
möglichst weitschichtigen Vergleichsmaterials. Mit dessen Bearbeitung, die
ein Eindringen ,,in den inneren Logos und die Grundintentionen"[2]) des religiösen Phänomens des Prophetismus in der ägyptischen Kultur ermöglichen soll,
sind methodisch zunächst die gleichen Gegebenheiten evident, wie sie generell
für jedes historische Verstehen existieren. Sie bestehen einmal in der herme-
neutischen Notwendigkeit des Vergleichens auf dem im weitesten Sinne ge-
faßten Gebiet der historischen Wissenschaften; denn die Möglichkeit des Ver-
stehens ist überhaupt nur durch den Vergleich gegeben. Wofür wir kein Vorverständnis haben, das entzieht sich unserer Möglichkeit des Begreifens als
ein totaliter aliter. Auch die vermeintlich unabhängige Forschung kommt
nicht ohne Vergleiche aus; die Übersetzung selbst einer einzigen Vokabel
aus einer fremden Sprache wäre sonst unmöglich[3]).

   Gründet die Tatsache, daß ,,die Vergleichung für das größte Hilfsmittel
geisteswissenschaftlicher Forschung" anzusehen ist[4]) in dem generellen, aber
nicht zu weit zu fassenden Satz von der Identität der Menschennatur, den
Bernheim, ein Methodiker der Geschichtswissenschaft, das ,,Grundaxiom
der historischen Erkenntnis" nannte[5]), so beruhen Vergleiche zwischen religiösen Fakten auf dem ubiquitären Zug der religiösen Anlage des Menschen[6]).
Daraus resultiert methodisch einmal, daß die Vergleichung auf dem Gebiete
der Religionen sachgemäß sei, d. h. ein prinzipielles Sachverständnis des
Religiösen voraussetzt[7]). Gleichzeitig aber ist darauf zu achten, daß die ge-
meinschaftliche Grundkraft des Religiösen die spezifische Sondergestaltung
nicht ausschließt. Rudolf Otto hat sich in methodischen Überlegungen gegen
eine Parallelisierung unter Außerachtlassung dieses entscheidenden historischen Tatbestandes gewandt[8]) und ist ihr mit der Forderung entgegen-

---

   [2]) Erich Rothacker, Die dogmatische Denkform in den Geisteswissenschaften
und das Problem des Historismus (Akad. d. Wiss. u. d. Lit. in Mainz, geistes- u.
sozialwiss. Kl. 1954, Nr. 6), Wiesbaden 1954, S. 21.
   [3]) Zu den Problemen vgl. Otto Friedrich Bollnow, Das Verstehen. Drei Aufsätze
zur Theorie der Geisteswissenschaften, Mainz 1949.
   [4]) Karl Lamprecht, in: Literarisches Zentralblatt 1900, Sp. 172.
   [5]) Zitiert nach Joachim Wach, Religionswissenschaft. Prolegomena zu ihrer
wissenschaftstheoretischen Grundlegung, Leipzig 1924, S. 144f.
   [6]) Wach, a.a.O., S. 147; vgl. u. a. auch Mircea Eliade, Das Heilige und das
Profane. Vom Wesen des Religiösen, Hamburg 1957, S. 12; Rudolf Otto, Parallelen
und Konvergenzen in der Religionsgeschichte, in: Das Gefühl des Überweltlichen
(Sensus numinis), München 1932, S. 296f.; Alfred Bertholet, Parallelen in der
Religionsgeschichte, in: Hebrew Union College Annual 23, 1 (1950—1951), S. 573.
   [7]) Vgl. Heinrich Frick, Wider die Skepsis in der Leben-Jesu-Forschung: R.
Ottos Jesus-Buch, in: ZThK 16 (1935), S. 14.
   [8]) Rudolf Otto, Vischnu-Nārāyana, Jena 1923, S. 203ff.: Das Gesetz der
Parallelen in der Religionsgeschichte. — Das Buch von Kurt Deißner, Religions-
geschichtliche Parallelen, Leipzig 1921, behandelt nur das religionsgeschichtliche
Verständnis des Neuen Testaments.

getreten, den Vergleich durch die Unterscheidung zu ergänzen⁹). Fragen wir
auf Grund dieser wesentlichen Anregungen nach einem methodischen Prinzip
des Vergleichs, das dem Sondergehalt der jeweils betrachteten Religionen
gerecht wird, so scheint sich die Vergleichung religiöser Intentionen als legi-
times hermeneutisches Mittel zu erweisen¹⁰). Denn sie berücksichtigt einmal
das Erfordernis des sachgemäßen Erfassens religiöser Fakten und sieht andererseits ihre Aufgabe gerade darin, beim Vergleich von Erscheinungen verschiedener Religionen, die äußerlich scheinbar gemeinsame Züge aufweisen, den
inneren Unterschied, die oft grundsätzlich unterschiedliche Intention paralleler
Aussagen herauszustellen¹¹). Daraus ergibt sich, die gebotene Auswahl des
prophetischen Vergleichsmaterials unter dem Gesichtspunkt unstreitig nach-
weisbarer prophetischer Intentionen zu treffen¹²).

Hierbei muß aus doppeltem Grunde zunächst und vor allem die alttestamentliche Prophetie herangezogen werden¹³). Denn einmal ist sie es, die den
Begriff des Prophetischen entscheidend geprägt hat¹⁴). Zum anderen re-

---

⁹) Rudolf Otto, Die Gnadenreligion Indiens und das Christentum. Vergleich
und Unterscheidung, Gotha 1930.

¹⁰) Vgl. G. Lanczkowski, Zur Unterscheidung indischen und biblischen Denkens,
in: Saeculum 8 (1957), S. 119.

¹¹) Das von Arnold Toynbee, Christianity among the Religions of the World,
London 1958, S. 20, herausgestellte Prinzip der Vergleichung: "What I have in
mind here is something that one might call the attitude or the spirit of a religion"
meint vielleicht Ähnliches, ist aber in der Formulierung etwas vage und führt bei
Toynbee in der Anwendung nur zu einem sehr allgemeinen Ergebnis: der Unterscheidung höherer von niederen Religionen nach dem Gesichtspunkt der Freiheit
von menschlicher Selbstverehrung, bzw. der Unterworfenheit unter diese; vgl.
G. Lanczkowski, in: ThLZ 1959, Sp. 48—50.

¹²) Die Arbeiten von Katesa Schlosser, Der Prophetismus in niederen Kulturen,
in: Zeitschrift für Ethnologie 75 (1950), S. 60—72, und: Propheten in Afrika
(Kulturgeschichtliche Forschungen, Bd. 3), Braunschweig 1949, befassen sich
mit religiös-politischen Bewegungen, die, von Ekstatikern geführt, aus dem
Missionschristentum und dem Islam hervorgegangen sind und treffen den Begriff
des Prophetischen nicht ganz in dem vorher entwickelten Sinne einer religiös
eigenständigen Erscheinung; ebenso Bengt Sundkler, Bantu Prophets in South
Africa, London 1948. — Auch die vierte Ekloge Vergils (vgl. Wilhelm Weber,
Der Prophet und sein Gott. Eine Studie zur vierten Ekloge Vergils. Beihefte zum
Alten Orient 3, Leipzig 1925; Hans Lietzmann, Der Weltheiland, Bonn 1909,
S. 2 ff.) kann, trotz ihrer dantesken Würdigung in der Divina Commedia, außer
Betracht bleiben, da sie als prophetisches Kriterium allein eine Voraussage enthält,
die dichterischer Ausdruck der Sōtēr-Erwartung der augusteischen Epoche war. —
Die Frage, ob die aztekische Erwartung der Wiederkunft Quetzalcoatls in pro-
phetischer Weise das kyklische Weltbild des alten Mexiko durchbricht, müßte
Gegenstand einer speziellen Untersuchung sein. — Joseph Smith (1805—1844),
der „Prophet, Seher und Offenbarer" der Mormonen, ist eine epigonenhafte Gestalt,
deren Erscheinung mit Zügen Mohammeds vergleichbar ist; vgl. Eduard Meyer,
Ursprung und Geschichte der Mormonen, Halle a. S. 1912.

¹³) Vgl. G. Lanczkowski, Ägyptischer Prophetismus im Lichte des alttestamentlichen, in: ZAW 70 (1958), S. 31—38.

¹⁴) Das Wort נָבִיא kommt im AT als Substantiv über 400 mal, als Verbum
(נבא; im Niphal und Hithpaʿel) ca. 110 mal vor. Man versteht heute darunter

2*

präsentiert der alttestamentliche Stoff ein dem alten Ägypten räumlich und zeitlich naheliegendes Denken. Seine Vergleichsanwendung ist daher unbelastet von der inhaltlichen Tradition unseres heutigen zeitlichen Abstandes und stellt somit ein wirksames Korrektiv gegen jeden Modernismus[15]) dar.

Die Auswahl des alttestamentlichen Vergleichsmaterials ist teilweise durch die Kanonisierung der Prophetenbücher bestimmt, wobei der von Augustin[16]) aus formalen Gründen vollzogenen Unterscheidung zwischen den „großen" und „kleinen" Propheten (prophetae maiores und prophetae minores) keine wertmäßige Bedeutung zukommt. Heranzuziehen sind aber auch die Propheten der älteren Königszeit und vor allem Mose, auf dessen Schultern sich die ganze Kette der Propheten stehend weiß[17]). Außer Betracht bleiben muß dagegen das berufsmäßige Ekstatikertum der „falschen Propheten"[18]).

Für eine Untersuchung des ägyptischen Prophetismus ist es wichtig, daß wir heute in zunehmendem Maße Kenntnis haben von prophetischen Erscheinungen des außerisraelitischen kanaanäischen Bereiches[19]) und damit einen Beweis dafür, daß Prophetie eine die Grenzen einer einzelnen historischen Religion überschreitende Erscheinungsform religiösen Verhaltens darstellt[20]). Seit längerer Zeit ist die Existenz kanaanäischen Prophetentums bekannt aus

---

den von Gott Gerufenen; vgl. akkadisch bei Hammurabi (L. W. King, The Letters and Inscriptions of Hammurabi, Bd. II, pl. 132): „der Gerufene — *nabiu* — des (Himmelsgottes Anu)"; akkad. *nabū* „rufen", ebenso südarabisch. Das Äthiopische kennt ⷠⱁⱁ in der Bedeutung „brummen". Eine (vorwiegend soziologische) Untersuchung des Begriffs bietet das Buch von Alfred Jepsen, Nabi, München 1934; vgl. ferner u. a. Kuhl, a.a.O., S. 7; Hugo Greßmann, Die älteste Geschichtsschreibung und Prophetie Israels (Die Schriften des Alten Testaments II, 1), Göttingen 1921, S. 40.

[15]) Vgl. das Interpretationsproblem bei H. Frankfort, Ancient Egyptian Religion, New York 1948 (hierzu: Hermann Kees, in: Orientalia 20 [1951], S. 93ff.) und John A. Wilson, The Burden of Egypt, Chicago 1951 (hierzu: Eberhard Otto in: OLZ 1953, Sp. 223ff.; H. Kees in: JNES 11 [1952], S. 157ff.).

[16]) Augustin, De civitate Dei XVIII 29.

[17]) Ernst Sellin, Israelitisch-jüdische Religionsgeschichte, Leipzig 1933, S. 6f.

[18]) Vgl. G. von Rad, Die falschen Propheten, in: ZAW 51 (1933), S. 109ff.

[19]) Zu der damit verbundenen Frage einer genetischen Abhängigkeit des israelitischen Prophetismus von kanaanäischen Vorbildern vgl. Joh. Lindblom, Zur Frage des kanaanäischen Ursprungs des altisraelitischen Prophetismus, in: Von Ugarit bis Qumran, hrsg. von Johannes Hempel und Leonhard Rost (Beihefte zur ZAW 77), Berlin 1958, S. 89—104. Für die Annahme einer Herkunft des israelitischen Ekstatikertums aus kanaanäischen Einflüssen sprachen sich besonders aus: G. Hölscher, Die Profeten. Untersuchungen zur Religionsgeschichte Israels, Leipzig 1914, und A. Jepsen, Nabi. — Th. H. Robinson, Prophecy and the Prophets in Ancient Israel, 7. Aufl., London 1948, S. 33ff., sieht den Ursprung im Hethitertum; dazu ist A. Götze in: Kulturgeschichte des Alten Orients (Handbuch der Altertumswissenschaft III, 1, 3, 3, 1), München 1933, S. 139 zu vergleichen, der hethitische Erscheinungen dieser Art feststellt.

[20]) Zur Frage einer etwaigen geographisch, ethnisch und historisch begrenzten Erscheinung des Prophetentums vgl. u. a. Joachim Wach, Religionssoziologie, Tübingen 1951, S. 399ff.; A. Neher, L'Essence du Prophétisme, Paris 1955, S. 17ff.

dem Reisebericht des Ägypters Wen-Amun[21]). Er erzählt von einem Jüngling in Byblos, der sich eine ganze Nacht hindurch in ekstatischem Zustand befindet — „so raste der Rasende in dieser Nacht"[22] — und dabei als gott-erfüllter Sprecher auftritt. Im Alten Testament selbst ist der beste Beleg für kanaanäisches Prophetentum im Dienste des phönizischen Baal in der Erzählung vom Gottesurteil auf dem Karmel[23]). Wenn diese Erscheinungen auch graduelle Unterschiede zur Hochform des israelitischen Prophetismus aufweisen, so sind sie doch wichtig für den Nachweis der generellen Verbreitung des Typus.

Wesentlich erweitert wurde unsere Kenntnis des Prophetismus im vorder-asiatischen Raum durch den Fund des Briefarchivs von Mari. Einige Briefe aus dem Archiv von Mari nämlich „zeigen uns, daß die Götter von Mari auch Wege kannten und ausnutzten, ihren Willen dem König ungefragt kundzutun. In den Fällen, die uns aus der Zeit Ḫammurabis überliefert sind, taten sie das nicht nur direkt, sondern durch Entsendung eines inspirierten Menschen zum König oder seinen Vertretern, so wie Jahwe zu den Königen Israels und Judas und allen Menschen durch seine Propheten sprach"[24]). Es handelt sich hier um Willensäußerungen verschiedener Götter, des Adad und des Dagan[25]), die in konkreten Situationen religiös-kultischer wie auch profaner Art durch inspirierte Männer und Frauen offenbart werden. Das Wort *maḫḫū* (fem. *maḫḫūti*), mit dem diese Ekstatiker bezeichnet werden, wird für analoge Erscheinungen auch im mesopotamischen Bereich gebraucht[26]); damit ist die weit über das kanaanäische Gebiet hinausgehende Erscheinung einer dem

---

[21]) Adolf Erman in: ÄZ 38, S. 1 ff.; Adolf Erman, Die Literatur der Ägypter, Leipzig 1923, S. 225—237; vgl. ferner u. a. H. H. Rowley, Ritual and the Hebrew Prophets, in: Journal of Semitic Studies 1 (1956), S. 340 f.

[22]) Erman, Literatur, S. 229.

[23]) 1. Kön 18; vgl. Otto Eißfeldt, Der Gott Karmel, Sitz. Ber. Berl. Akad. 1953, Nr. 1.

[24]) Wolfram von Soden, Verkündigung des Gotteswillens durch prophetisches Wort in den altbabylonischen Briefen aus Mari, in: Die Welt des Orients 1 (1950), S. 397; vgl. ferner A. Lods, Une tablette inédite de Mari, intéressante pour l'histoire ancienne du prophétisme sémitique, in: Studies in Old Testament Prophecy, pres. to T. H. Robinson, Edinburgh 1950, S. 110: "... la tablette de Mari nous apporta déjà un renseignement intéressant s'il est permis d'en inférer que certains inspirés, à Mari, avaient pris, dès le temps de Ḥammourabi, une attitude d'indépendance vis-à-vis de la royauté analogue à celle qui a été, en Israel, le stade préparatoire à l'apparition du grand prophétisme." — Weitere Arbeiten zum Prophetismus von Mari: Martin Noth, History and the Word of God in the Old Testament, in: Bulletin of the John Rylands Library 32 (1949—1950), S. 194 ff., deutsch in: Gesammelte Studien zum Alten Testament, München 1957, S. 234 ff.; F. M. Th. de Liagre Böhl, Profetisme en platvervangend lijden in Assyrië en Israël, in: Nederlands Theologisch Tijdschrift 4 (1949—1950), S. 82 ff.; Hartmut Schmökel in: ThLZ 1951, Sp. 53—58; ders., Geschichte des alten Vorderasien (Handbuch der Orientalistik, hrsg. von B. Spuler, Bd. 2, 3), Leiden 1956, S. 105.

[25]) Vgl. H. Schmökel, Der Gott Dagan, Diss. Heidelberg 1928.

[26]) A. Haldar, Associations of Cult Prophets among the Ancient Semites, Uppsala 1945, S. 21 ff.; Ed. Dhorme, Les religions de Babylonie et d'Assyrie, Paris 1945, S. 216.

Nabiertum verwandten Art religiösen Auftretens, die zumindest als Vorstufe des Prophetismus angesprochen werden kann, deutlich.

Aus dem semitischen Bereich ist aber das den israelitischen Propheten am ehesten vergleichbare Beispiel Mohammed, der Prophet der Araber, der, abgesehen von seiner Aufnahme der manichäischen Offenbarungslehre[27]), ganz zum Typus des semitischen Religiösen gehört, dessen prophetisches Auftreten sich innig mit dem der alttestamentlichen Propheten berührt[28]) und der noch selbst den Kern dazu gelegt hat, den Prophetismus zu einer eigenen Weltreligion auszubilden[29]). Der Prophet wollte kein *kāhin*[30]) sein, einer jener vorislamischen Ekstatiker und Seher, die den Formen des Schamanismus nahestanden[31]), sondern ein Prophet[32]), der sich in der Nachfolge alt- und neutestamentlicher Religiöser stehend verstand[33]), ja als „das Siegel der Propheten"[34]). Daß diesem Selbstverständnis Mohammeds in seiner Verkündigung typisch prophetische Intentionen entsprachen, zeigt die Tatsache, daß seine Gedankenwelt anfangs, in seiner mekkanischen Periode, ganz um die Letzten Dinge kreist, um den apokalyptisch geschauten Gerichtstag und die Vergeltung[35]); und diese Geschichtstheologie ist in das islamische Geschichtsbild eingegangen[36]). Zu diesen primären Anliegen der Prophetie Mohammeds tritt an zweiter Stelle in der historischen Entwicklung seiner Botschaft das ebenfalls prophetische Bekenntnis des Monotheismus[37]).

Schwieriger wird die Frage nach Vergleichsmaterial, sobald wir semitischen Boden verlassen. Bekanntlich ist es in der Iranistik umstritten, ob Zarathushtra[38]) als Prophet anzusehen sei und damit eine nähere innere Verwandt-

[27]) Tor Andrae, Mohammed. Sein Leben und sein Glaube, Göttingen 1932, S. 84ff.

[28]) H. Frick, Der Begriff des Prophetischen in Islamkunde und Theologie, passim; Johs. Pedersen, The Rôle played by Inspired Persons among the Israelites and the Arabs, in: Studies in Old Testament Prophecy, S. 127—142.

[29]) Fr. Buhl, Faßte Mohammed seine Verkündigung als eine universelle, auch für Nichtaraber bestimmte Religion auf?, in: Islamica 2 (1926), S. 135—149.

[30]) Vgl. A. J. Wensinck und J. H. Kramers, Handwörterbuch des Islam, Leiden 1941, S. 254—256.

[31]) Vgl. Koran, Sure 52,29: „... du bist, bei der Gnade deines Herrn, kein Wahrsager oder Besessener" (Übers. nach Max Henning, Der Koran (Reclam Nr. 4206—4210a,b), Leipzig 1901, S. 516; vgl. auch Sure 69,42.

[32]) Der Koran kennt hierfür sowohl das aus hebr. נָבִיא oder aram. נְבִיאָה entlehnte Wort *nabī* wie auch das im religiösen Sinne gebrauchte Wort *rasūl*, „Gesandter". Im Gegensatz zu den *nabīyūn* (bzw. *anbiyā'*), für die der Koran nur alt- und neutestamentliche Namen als Vorgänger Mohammeds nennt, sind nach koranischer Anschauung *rusul* auch an andere Völker gesandt worden.

[33]) Sure 6, 83ff. u. ö.

[34]) Sure 30,40: „Mohammed ... ist Allahs Gesandter und das Siegel (*ḫātam*) der Propheten."

[35]) Vgl. vor allem Sure 82 und 99.

[36]) Gustav Richter, Das Geschichtsbild der arabischen Historiker des Mittelalters (Philosophie und Geschichte, Heft 43), Tübingen 1933, bes. S. 12.

[37]) Es findet seinen bündigsten Ausdruck in dem Einheitsbekenntnis der 112. Sure.

[38]) *Zarath-ushtra* ist die iranische Namensform, deren Latinisierung *Zarathustra* und deren Graezisierung *Zoroaster* ist.

schaft zum semitischen Bereich als zu den höheren Religionen Indiens aufweise[39]). Die beiden Pole einer nicht-prophetischen Interpretation Zarathushtras sind mit dem Titel einer Schrift W. B. Hennings: Zoroaster. Politician
or Witch-Doctor?[40]) treffend bezeichnet. Diese unterschiedlichen Bewer-
tungen seiner Persönlichkeit bewegen sich nämlich zwischen den Extremen
einer Einschätzung als reiner Politiker[41]) und als Medizinmann einer schamanistischen Religionsgemeinschaft[42]). Gegenüber diesen gegensätzlichen Charak-
terisierungen wird die Herausstellung prophetischer Züge Zarathushtras
wichtig sein, die den iranischen Religionsstifter, trotz mancher Unterschiede
und Gegensätze[43]), in die geistige Nachbarschaft der israelitischen Propheten
stellen: „. . . er hat große Bedeutung für die Religionsgeschichte, insofern er
das nächste oder sogar das einzig wirkliche Gegenstück zu den alttestamentlichen Propheten und ihrem weniger originalen Nachfolger Mohammed ist"[44]).
Wie die Propheten Israels, so begründet Zarathushtra eine persönliche Religion[45]). Dies tritt sowohl in seiner Berufung zum Propheten wie in der
ethischen Forderung an seine Mitmenschen zutage. Es ist die Offenbarung
Ahura Mazdāhs, die Zarathushtra zum Propheten macht; in der Berufungs-
hymne[46]) mit ihrer mehrfachen Wiederholung des Bekenntnisses: „Als den

---

[39]) Vgl. Nathan Söderblom, Einführung in die Religionsgeschichte, Leipzig
1928, S. 7.
[40]) London 1951; vgl. auch: J. Duchesne-Guillemin, The Western Response to
Zoroaster, Oxford 1958, bes. S. 31f.
[41]) Ernst Herzfeld, Zoroaster and his World, Princeton 1947.
[42]) H. S. Nyberg, Die Religionen des alten Iran, Leipzig 1938. Dieser Interpretation ist von verschiedenen Seiten widersprochen worden; vgl. J. Duchesne-
Guillemin, Zoroaster. Étude critique avec une traduction commentée de Gāthā,
Paris 1948, S. 140ff.; Otto Paul, Zur Geschichte der iranischen Religionen, in:
ARW 36 (1940), S. 215ff., bes. S. 227ff. — M. Eliade, Schamanismus und archaische Ekstasetechnik, S. 379f., hat herausgestellt, daß gewisse Ähnlichkeiten zum
Schamanismus „in keiner Weise eine schamanistische Struktur des religiösen
Erlebnisses Zarathustras" erfordern.
[43]) Im Gegensatz zu den Propheten Israels fehlt im religiösen Erlebnis Zarath-
ushtras die Ausschließlichkeit des Kreaturgefühls als Reflex der übermächtigen
Majestät Gottes. Der Gottesumgang Zarathushtras ist vertrauter und gleicht
mehr dem Verhältnis zu einem Freunde; vgl. u. a. Yasna 46,2. Auch eignet dem
Gottesbegriff der Gāthās nicht die Exklusivität des mosaischen Monotheismus.
Zarathushtra verkündet vielmehr einen uranfänglichen Dualismus zwischen dem
„weisen Herrn" (Ahura Mazdāh) und dem Widersacher Angra Mainyu („der böse
Gesonnene"), der in Yasna 45,2 seinen schroffsten Ausdruck findet: „Ich will
reden von den beiden Geistern zu Anfang des Lebens, von denen der heiligere also
sprach zu dem argen: ‚Nicht stimmen unser beider Gedanken noch Lehren noch
Absichten noch Überzeugungen noch Werke noch Individualitäten noch Seelen
zusammen'" (Übers. nach Chr. Bartholomae, Die Gathas des Awesta. Zarathushtra's
Verspredigten, Straßburg 1905, S. 69).
[44]) Nathan Söderblom, Der lebendige Gott im Zeugnis der Religionsgeschichte,
deutsche Ausgabe von Friedrich Heiler, München 1942, S. 162.
[45]) Vgl. Edvard Lehmann, Zarathuštra. En bog om Persernes gamle tro, Bd. II,
Kopenhagen 1899, S. 19; Franz Altheim, Literatur und Gesellschaft im ausgehenden Altertum, Bd. II, Halle (Saale) 1950, S. 157.
[46]) Yasna 43.

Heiligen erkannte ich Dich da, o Ahura Mazdāh" treten ebenso prophetische
Züge zutage wie in den ergreifenden Worten über Einsamkeit und menschliche
Verlassenheit[47]). Die Hörer seiner Botschaft stellt Zarathushtra vor eine
individuelle Entscheidung[48]); mit einer Unerbittlichkeit, wie sie dem Geiste
des benachbarten Brudervolkes der Inder niemals eigen war, stellte Zarathushtra die ethische Forderung eines unabdingbaren Entweder-Oder. Vor
allem aber ist es der mit diesem ethischen Gebot verbundene Blick auf das
Eschaton[49]), der Zarathushtra als prophetischen Typus charakterisiert: ,,In
der Unsterblichkeit ist die Seele des Rechtgläubigen zufrieden, während die
Quälung der falschgläubigen Leute fortdauern wird. Und das schafft der Weise
Herr durch sein Reich"[50]).

Nach diesem Überblick über das verfügbare Vergleichsmaterial kann noch
einmal die Frage nach der Zeit gestellt werden, aber nun nicht im Sinne der
inhaltlichen Botschaft des Prophetismus, sondern, was für das Problem des
ägyptischen Prophetismus nicht minder wichtig ist, als Frage nach dem zeitlichen Einsatz prophetischer Bewegungen, nach dem geschichtlichen Ort der
Prophetie. Seit längerem ist in der Religionswissenschaft mit Hilfe eines
Querschnitts die Periode des Prophetismus eingeordnet und, ohne daß heute
daraus noch auf Entlehnungen geschlossen würde, mit anderen religiösen
Neuschöpfungen zusammengestellt worden[51]); und bekanntlich hat Karl
Jaspers auf diese Beobachtungen seine Konzeption der ,,Achsenzeit" gegründet: ,,Die Achse der Weltgeschichte scheint um rund 500 vor Christus
zu liegen, in dem zwischen 800 und 200 stattfindenden geistigen Prozeß.
Dort liegt der tiefste Einschnitt der Geschichte. Es entstand der Mensch, mit
dem wir bis heute leben. Diese Zeit sei in Kürze die ‚Achsenzeit' genannt"[52]).

Diese Feststellung kann als Hinweis verstanden werden. Wir können dann
absehen von der Wertung dieser Epoche, die dem das Abendland bestimmenden
christlichen Geschichtsbild, wie es sich rein äußerlich in unserer Zeitrechnung
ausdrückt, und der theologischen Einordnung des Prophetismus nicht entspricht, und auch davon, daß der weitgespannte Bogen unterschiedliche Gestalten wie Lao-tse und Konfuzius, die Denker der Upanishaden, Buddha
und Homer mit umfaßt, aber Mohammed ausschließt. Aber wichtig ist, daß
auf den Zeitpunkt des Auftretens der alttestamentlichen Propheten Gewicht
gelegt wird.

Jedoch der inhaltlichen Bedingtheit des Einsatzpunktes der Prophetie
kommen wir näher mit Längsschnitten innerhalb der verschiedenen Kulturen,

---

[47]) Yasna 46,1. 　　　　　　　　[48]) Yasna 30,2.

[49]) Die zoroastrische Eschatologie kennt eine doppelte Vergeltung in einem
Individual- und einem Universalgericht; der Terminus für Gericht und Vollendung
des Weltganzen ist *frashōkereti*, ,,Vorwärtstreiben, Förderung" im Sinne von Fortschritt und Vollendung der Welt.

[50]) Yasna 45,7. Übers. nach Karl F. Geldner, Die zoroastrische Religion (Das
Avestā), Religionsgeschichtliches Lesebuch, Heft 1, 2. Aufl., Tübingen 1926, S. 9.

[51]) Vgl. u. a. Nathan Söderblom, Der lebendige Gott im Zeugnis der Religionsgeschichte, S. 223; R. Otto, Parallelen und Konvergenzen in der Religionsgeschichte, a.a.O.; ders., Vischnu-Nārāyana, S. 203ff.; Franz Altheim, Italien und
Rom, in: Die Welt als Geschichte 3 (1937), S. 23f.

[52]) Karl Jaspers, Vom Ursprung und Ziel der Geschichte, München 1949, S. 19ff.

die nach der geistigen Vorgeschichte des prophetischen Einsatzes fragen[53]). Andeutungen hierfür finden sich bei Jaspers, wenn er schreibt: „Das mythische Zeitalter war in seiner Ruhe und Selbstverständlichkeit zu Ende"[54]). Auch bei Nathan Söderblom finden wir eine Bemerkung, die für unsere Zusammenhänge wichtig ist: „Sowohl der Vedanta als auch der Prophetismus entstanden aus einem hochentwickelten Opferkult, der in der indischen Spekulation zum Mittelpunkt des Universums wurde und auch in Israel den offiziellen Gesichtskreis beherrschte"[55]). Zu verstehen ist dieser Satz doch offenbar so, daß, bei aller strukturellen Verschiedenheit der indischen und der israelitischen Religion, doch in beiden Bereichen der gleiche Ausgangspunkt für das Auftreten neuer religiöser Ideen und Verkündigungen vorlag: die Überentwicklung und damit die innere Aushöhlung einer rein kultischen Religiosität. Am meisten aber verdanken wir Johannes Hempel für die Feststellung der historischen Stunde des Prophetismus. Er hat in einer Göttinger Akademie-Abhandlung[56]) sehr eindringlich auf den Kairos der Prophetie hingewiesen, der gegeben ist, wenn am geschichtlichen Mißerfolg das Problem des Geschichtsverständnisses aufbricht. Für Ägypten ist, wie im folgenden darzulegen ist, diese Situation nach dem katastrophalen Ende des Alten Reiches in jener Epoche gegeben, die wir profanhistorisch als „erste Zwischenzeit" oder als „Herakleopolitenzeit" bezeichnen und in Würdigung ihrer geistigen Leistungen „Aufstiegszeit des Mittleren Reiches" nennen könnten.

---

[53]) Andeutungen hierzu bei H. Frick, Vergleichende Religionswissenschaft, S. 28.

[54]) a.a.O., S. 20.

[55]) Der lebendige Gott im Zeugnis der Religionsgeschichte, S. 260.

[56]) Johannes Hempel, Die Mehrdeutigkeit der Geschichte als Problem der prophetischen Theologie, NGGW, phil.-hist. Kl., Fachgruppe V, NF Bd. 1, Nr. 1, Göttingen 1936.

2. Die geschichtlichen Voraussetzungen des ägyptischen Prophetismus

a) Die Weltordnung des Alten Reiches

Die totale Katastrophe, die der Untergang des Alten Reiches für Ägypten bedeutete, und mit ihr die Möglichkeit des Freiwerdens divergierender geistiger Richtungen, zu denen als ein wesentlicher Bestandteil die Prophetie zählte, können nur deutlich werden auf dem Hintergrund dessen, was die Welt- und Lebensordnung des Alten Reiches ausmachte. Dies zu bestimmen, ist deshalb mit Schwierigkeiten verbunden, weil wir für jenes dem unseren völlig unterschiedliche Weltbild der damaligen Zeit nur ein hypothetisches, aber kein existentielles Verständnis haben. Nach unserem Verständnis sind das Sakrale und das Profane Bezirke von grundsätzlicher Verschiedenheit, die wir deshalb wohl in einem Wirkungszusammenhang sehen, aber nicht als Identität denken können[1]. Weil wir eine Ordnung, die sakral ist und auch in allen nach unserem Denken säkularen Bereichen nur als solche verstanden wurde, nicht erlebnismäßig kennen, versuchen wir, ihre Fremdartigkeit durch Zuhilfenahme von Begriffen zu erfassen. Aber wenn wir von einer mythischen Welt sprechen, so verschieben wir angesichts der Schwierigkeiten, Mythos nicht nur negativ mit einer Abgrenzung gegen rationales Denken, sondern positiv zu definieren[2], vielleicht nur das Problem. Noch umstrittener ist die Verwendung des Wortes Magie, für das zunächst die gleichen Schwierigkeiten einer begrifflichen Erfassung gelten[3]. Darüber hinaus aber ist zu fragen, ob die Heranziehung dieses Begriffes nicht die Gefahr einer Fehlinterpretation in sich birgt. Denn wenn Magie als Kenntnis der unserem logischen Denken nicht erfaßbaren Kausalitäten verwendet wird im Sinne der Nutzbarmachung sakraler Gesetze zum Zwecke säkularer Wirkungen, so ist deutlich, daß ihre Zeit erst nach dem Zusammenbruch, dem Auseinanderfall jener complexio oppositorum von Transzendenz und Immanenz gekommen ist. Vielleicht

---

[1] John A. Wilson, The Burden of Egypt, Chicago 1951, S. 77: "Modern categories lead us to think in terms of the sacred and the secular; no such opposing purposes were possible in a society which long continued to be essentially sacred."

[2] Bisher beste Untersuchung von Ernst Cassirer, Philosophie der symbolischen Formen, Bd. II: Das mythische Denken, Berlin 1925, Neudruck Darmstadt 1953.

[3] Vgl. u. a. Theodor-Wilhelm Danzel, Der magische Mensch (Homo divinans), Potsdam und Zürich 1928; Carl Heinz Ratschow, Magie und Religion, Gütersloh 1947; Carl Clemen, Wesen und Ursprung der Magie, in: Archiv für Religionspsychologie, Bd. II—III (1921), S. 108—135. — Die Arbeit von François Lexa, La magie dans l'Égypte antique, 3 Bde., Paris 1925, faßte den Begriff der Magie sehr weit.

eignet sich zur begrifflichen Bestimmung der Welt des Alten Reiches am ehesten
ein Ausdruck, den de Groot für einen ganz anderen Bereich orientalischer
Religion gebrauchte. Er bezeichnete die gemeinsame Grundlage der chinesischen Religiosität als „Universismus"[4]. Wenn darunter „die Religion des
Universums, des Weltalls, seiner Teile und Erscheinungen"[5] zu verstehen ist,
so trifft, unbeschadet ihres speziell ägyptischen Habitus, diese Charakterisierung
auch für die Religion des Alten Reiches zu.

Der zentrale Begriff eines solchen altägyptischen Universismus ist das Wort
Maat (m3ꜥ·t)[6]. Seine Übersetzung durch eine einzige Vokabel einer modernen
Sprache ist unmöglich. Denn da das Wort einer uns fremden Sphäre des Denkens entstammt, ist der Kreis, den es begrifflich umschließt, ein anderer als
bei uns[7]. Wenn wir es versuchsweise mit „Wahrheit"[8], aber auch mit „Gerechtigkeit"[9], „Weltordnung" und „Korrektheit" wiedergeben, so sind das
nur Teilbegriffe einer umfassenden Konzeption; denn Maat ist „die Weltordnung selbst, die sich in Aufbau und Gliederung des Staates äußert, wo sie
die Stellung des Einzelnen und seine Funktionen in ihm bestimmt, die aber
auch die Ordnung des Kosmos und der Götterwelt schuf und derzufolge Kult
und Ritus durchgeführt werden und die späterhin auch das Ethos, das Gut
und Böse bestimmt . . ."[10].

Als kosmisch-rituell-ethische Ordnung der Welt hat Maat die Funktion
eines „numinosen Ordnungsbegriffes"[11], einer jener Ideen, wie sie auch
andere Kulturen, unbeschadet ihres speziellen Habitus, im gleichen Stadium
geistiger Entwicklung ausgeprägt haben[12]. Die Maat ist als geheime Ordnung,
die in allen Dingen wie auch den Göttern verbindlich wirkt, das Grundaxiom

---

[4]) J. J. M. de Groot, Universismus. Die Grundlage der Religion und Ethik,
des Staatswesens und der Wissenschaften Chinas, Berlin 1918.

[5]) a.a.O., S. 2.

[6]) Ausführlichste Untersuchung: C. J. Bleeker, De Beteekenis van de Egyptische
Godin Ma-a-t, Leiden 1929.

[7]) Vgl. H. Frankfort, Ancient Egyptian Religion, New York 1948, S. 54: ". . .
we lack words for conceptions which, like Maat, have ethical as well as metaphysical
implications . . . the distinctions which we cannot avoid making did not exist for
the Egyptians. Where society is part of a universal divine order, our contrast has
no meaning."

[8]) Vgl. u. a. Wiedemann, Maa, déesse de la vérité et son rôle dans le panthéon
égyptien (Annales du Musée Guimet 10 [1887], S. 561ff.).

[9]) Zur rechtlichen Sphäre der Maat vgl. Wenger in: Studi in memoria di Ippolito
Rosellini, Bd. I, Pisa 1949, S. 351ff.; Scharff und Seidl, Einführung in die ägyptische Rechtsgeschichte bis zum Ende des Neuen Reiches, Glückstadt 1939, S. 42.

[10]) Eberhard Otto, Ägypten. Der Weg des Pharaonenreiches (Urban-Bücher,
Nr. 4), 2. Aufl., Stuttgart 1955, S. 56.

[11]) Vgl. B. Landsberger, Die Eigenbegrifflichkeit der babylonischen Welt, in:
Islamica 2 (1926), S. 355ff., bes. S. 369.

[12]) Vgl. NAM und ME im Sumerischen, das chinesische tao, das indische (ve-
dische) ṛta (Heinrich Lüders, Die magische Kraft der Wahrheit im alten Indien, in:
ZDMG 98 [1944], S. 1ff.; ders., Varuna, Bd. 1, Göttingen 1951, S. 14ff.), das
awestische aša (altpersisch arta). Ihnen entspricht im griechischen Denken der
kosmos, im altrussischen die prawda (Emanuel Sarkisyanz, Rußland und der Messia-
nismus des Orients, Tübingen 1955, S. 25—32).

der gesamten ägyptischen Weltanschauung[13]). Allerdings ist sie für den Ägypter selbst, der nicht in Begriffen, sondern in Gestalten und Bildern denkt, keine Idee, sondern eine Göttin[14]). Sie gilt als Tochter des Sonnengottes Rē[15]); am Bug des Sonnenschiffes steht die Göttin Maat. Sie begleitet Rē auf seiner täglichen Fahrt und charakterisiert damit sein Walten[16]).

Die besondere Eigenart der Maat erschließt sich "uit de manier, waarop de levensweg van den cosmos en de levensweg van den mensch worden verbonden"[17]). Hierfür ist die Bezogenheit der Maat auf den Gott-König des Alten Reiches wesentlich. Beide stehen in enger Verbindung; denn der König ist "Herr der Maat" und "Vollstrecker der Maat"[18]); der Sockel unter seinem Thron hat die Gestalt des hieroglyphischen Zeichens für *mꜣꜥ.t*[18a]). Die Verpflichtung zur Realisation der Maat war eine so starke Schranke für alles, was man Willkür eines absoluten Herrschers nennen könnte[19]), daß die Antike in den Pharaonen einsame Sklaven ihrer rituellen Verpflichtungen zu sehen vermochte[20]). Auch für das Verhalten der Untertanen gegenüber dem König und für dessen Gunsterweisung ist die Verwirklichung der Maat wesentlich. Ein Biograph des Alten Reiches sagt[21]): "Ich war einer, der wahr (*mꜣꜥ*) sagte und vollendet (*nfr*)[22]) berichtete, in der Art, die der König liebt, da ich wollte, daß es mir dadurch gut gehe beim König und beim großen Gott . . ."

Vom sakralen Königtum[23]) her, dessen enge Verbindung mit der Maat deutlich ist, kann man am ehesten Aufschluß über die Weltordnung des Alten Reiches gewinnen. Aber auch dieses Bestreben muß mit der Tatsache rechnen, daß wir, vor allem aus dem Alten Reich, über das Königtum keine in unserem Sinne gehaltenen Definitionen erwarten können. Zwei andere

---

[13]) Vgl. Hellmut Brunner, Altägyptische Erziehung, Wiesbaden 1957, S. 130 Anm. 75; G. von Rad, Die ältere Weisheit Israels, in: Kerygma und Dogma 2 (1956), S. 57 u. 61.

[14]) E. Otto, a.a.O., S. 56.

[15]) Wie der Sonnengott, so geht der tote König "heraus als Hüter der Maat. Er bringt sie, indem sie bei ihm ist" (Pyr. 319b).

[16]) Joachim Spiegel, Der Sonnengott in der Barke als Richter, in: MDIK 8 (1939), S. 204.

[17]) Bleeker, a.a.O., S. 85.

[18]) *nb mꜣꜥ.t* (Snofru), *ir mꜣꜥ.t* (Userkaf), s. Henri Gauthier, Le livre des rois de l'Égypte, Bd. I, Le Caire 1907, S. 62; 106f.; nach dem AR wird Maat in Königsnamen mit dem Sonnengott Rē verbunden; vgl. "Die Maat gehört zu Rē" (Amenemhet III.); a.a.O., S. 320; "Rē ist der Herr der Maat" (Amenophis III.); Gauthier, Bd. II, Le Caire 1910, S. 306ff.

[18a]) ⟨⟩ *mꜣꜥ.t*; vgl. Hellmut Brunner, Gerechtigkeit als Fundament des Thrones, in: Vetus Testamentum 4 (1958), S. 426.

[19]) Frankfort, Religion, S. 43.

[20]) Diodor I 70.   [21]) Urk. I 194.

[22]) Zur Bedeutung des Wortes *nfr* vgl. Hanns Stock, *Nṯr nfr* = der gute Gott?, Hildesheim 1951.

[23]) Vgl. u. a. Eduard Meyer, Geschichte des Altertums I, 1., 3. Aufl., Stuttgart und Berlin 1910, S. 59ff.; G. van der Leeuw, Phänomenologie der Religion, S. 96ff.; A. Toynbee, Christianity among the Religions of the World, S. 38ff.; J. G. Frazer, The Magical Origin of Kings, London 1920; ders., Lectures on the Early History of Kingship, London 1905.

Erkenntnisquellen stehen uns aber zur Verfügung: die Beobachtung analoger außerägyptischer Erscheinungen und Verhaltensweisen und Äußerungen des ägyptischen Königtums selbst.

Es hat Berechtigung, zunächst auf außerägyptische Verhältnisse hinzuweisen, weil sie ein Vorverständnis hervorrufen. Afrikanisches Vergleichsmaterial ist, obwohl seine Kenntnis auf Feldforschungen beruht und seine geschichtliche Tiefe nur hypothetisch erschlossen werden kann, öfters mit Recht herangezogen worden[23a]. Es hat den Vorteil der räumlichen Nähe zu Ägypten, aber den Nachteil, daß es nicht die Verhältnisse in einer Hochkultur erfaßt. Dies ist anders, wenn wir einer m. W. erst zweimal[24] in Vorschlag gebrachten Anregung folgen und unsere Blicke nach Japan lenken. Denn im Gegensatz zu der ebenfalls neuzeitlichen Vergleichsmöglichkeit des chinesischen Kaisertums, dessen Herrschercharisma sich jedoch nach konfuzianischer Lehre[25] und einer oft revolutionären Praxis an ethischen Wertmaßstäben bewähren mußte, war der japanische Tennō bis in unsere Tage hinein allein kraft seiner Herkunft von der Sonnengöttin Amaterasu „gegenwärtige Gottheit"[26]. Damit hatte, was in anderen modernen Monarchien und hierbei noch am stärksten in der britischen[27] nur rudimentär erhalten war, Japan bis in die Gegenwart bewahrt, einen Staat nämlich, dessen Struktur auf der Basis eines sakralen Herrschertums beruhte.

Die altägyptischen Zeugnisse vermitteln uns ebenfalls, und zwar von den frühesten uns historisch erreichbaren Anfängen an[28], das Bild eines Gott-

---

[23a]) C. G. Seligman, Egypt and Negro Africa. A Study in Divine Kingship, London 1934; ders., Pagan Tribes of the Nilotic Sudan, London 1932; H. Junker, Der sehende und der blinde Gott: Sitz. Ber. Bayr. Akad., phil.-hist. Kl. Jg. 1942, Heft 7, S. 43; Flinders Petrie, Egypt in Africa, in: Ancient Egypt 1 (1914), S. 115ff., bes. S. 159ff.; vgl. ferner: Hanns Stock, Ägyptische Religionsgeschichte, in: Saeculum 1 (1950), S. 619: „Zum Vergleich lassen sich Anschauungen afrikanischer Stämme vom sakralen Königtum weitgehend auf ägyptische Verhältnisse übertragen."; R. O. Faulkner in: JEA 10 (1924), S. 103: "In our admiration of the civilization and achievements of the Egyptians, we are perhaps apt to forget that their remote ancestors were African savages, with customs probably similar to those of the African savages of to-day." — Zum afrikanischen Königtum vgl. ferner: E. O. James, Myth and Ritual in the Ancient Near East, London 1958, S. 81ff.; E. E. Evans-Pritchard, The Divine Kingship of the Shilluk in the Nilotic Sudan, Cambridge 1948; T. Irstam, The King of Ganda. Studies in the Institutions of Sacred Kingship in Africa, Lund 1944.

[24]) John A. Wilson in: Frankfort-Wilson-Jacobsen, The Intellectual Adventure of Ancient Man, Chicago 1946, S. 36; Henri Frankfort, Kingship and the Gods, S. 77.

[25]) Vgl. Lun Yü 12,1; 13,15; Heinrich Hackmann, Chinesische Philosophie, München 1927, S. 99.

[26]) Wilhelm Gundert, Die Entstehung und Bedeutung des Tennoo-Gedankens in Japan, in: Der Orient in deutscher Forschung, Leipzig 1944, S. 137ff.; H. Überschaar, Die staatsrechtliche Stellung des Kaisers in Japan, Borna u. Leipzig 1912; ders., Die Eigenart der japanischen Staatskultur, Leipzig 1925; Karl Florenz, Die historischen Quellen der Shinto-Religion, Göttingen 1919, S. 189; Paul Lüth, Die japanische Philosophie, Tübingen 1944, S. 19ff.

[27]) Vgl. Percy E. Schramm, A History of the English Coronation, Oxford 1937.

[28]) Vgl. Wolfgang Helck, Herkunft und Deutung einiger Züge des frühägyptischen Königsbildes, in: Anthropos 49 (1954), S. 961—991.

Königtums[29]), das, unbeschadet der Möglichkeit seiner Einordnung in den größeren Zusammenhang der Nachweise sakralen Königtums im Alten Orient[30]), in seiner typischen Sondergestalt erfaßt werden muß. Eine Auswahl charakteristischer Beispiele zur Kennzeichnung des ägyptischen Königtums des Alten Reiches braucht sich angesichts der intentionellen Anknüpfung späterer Zeiten, zuvörderst der 12. Dynastie[31]), an das Herrschertum des Alten Reiches nicht allein auf Zeugnisse jener Zeit zu stützen.

Die Göttlichkeit des Königs, der als der „große Gott"[32]) bezeichnet wird, kommt klar zum Ausdruck darin, daß er nach alter Vorstellung eine Erscheinungsform des Falkengottes Horus ist[33]), des letzten in der Reihe jener am Anfang der ägyptischen Geschichte als Herrscher stehenden Götter, von denen uns in späterer Zeit am ausführlichsten der Turiner Königspapyrus berichtet[34]). Die Pyramidentexte beschreiben diese Göttlichkeit vielerorts; eine besonders deutliche und knappe Aussage findet sich Pyr. 809, wo der König angeredet wird:

„Deine Väter sind keine Menschen, deine Mütter sind keine Menschen." Eine treffliche Formulierung dieser Anschauung von der Göttlichkeit des Königs finden wir auch in den Worten aus der Autobiographie des Rechmirē, der unter Thutmosis III. Vezier war[35]):

---

[29]) Alexandre Moret, Du caractère religieux de la royauté pharaonique (Annales du Musée Guimet, Bd. 15), Paris 1902; Helmuth Jacobsohn, Die dogmatische Stellung des Königs in der Theologie der alten Ägypter (Ägyptologische Forschungen, Heft 8), Glückstadt 1939; E. Otto, Ägypten, S. 67ff.; J. Spiegel, Das Werden der altägyptischen Hochkultur, Heidelberg 1953, S. 84ff. u. ö.; H. Kees, Der Götterglaube im alten Ägypten, 2. Aufl., Berlin 1956, S. 203ff.; Eduard Meyer, Ägypten zur Zeit der Pyramidenerbauer, Leipzig 1908, S. 14f.; H. Junker, Pyramidenzeit. Das Wesen der altägyptischen Religion, Einsiedeln 1949, S. 46ff.; J. A. Wilson, The Burden of Egypt, S. 69ff.; Hellmut Brunner, Das Gottkönigtum der Pharaonen, in: Universitas 11 (1956), S. 797—806; Hans Bonnet, Reallexikon der ägyptischen Religionsgeschichte, Berlin 1952, S. 308ff.

[30]) H. Frankfort, Kingship and the Gods, Chicago 1948; C. J. Gadd, Ideas of Divine Rule in the Ancient East, London 1948; Ivan Engnell, Studies in Divine Kingship in the Ancient Near East, Uppsala 1943 (mit ausführlichster — 23 Seiten — Bibliographie über das sakrale Königtum); G. Widengren, The King and the Tree of Life in Ancient Near Eastern Religion, Uppsala 1951; S. H. Hooke (ed.), Myth, Ritual and Kingship. Essays on the Theory and Practice of Kingship in the Ancient Near East and in Israel, Oxford 1958.

[31]) Vgl. G. Lanczkowski, Das Königtum im Mittleren Reich, in: The Sacral Kingship — La regalità sacra (Studies in the History of Religions; Supplements to Numen IV), Leiden 1959, S. 269—280.

[32]) ntr 3; in der Titulatur erstmalig bei Snofru. Vgl. auch H. W. Fairman, The Kingship Rituals of Egypt, in: Myth, Ritual and Kingship, S. 75: "From the earliest times . . . the dominant element in the Egyptian conception of kingship was that the king was a god — not merely godlike, but very god."

[33]) Vgl. Junker, Pyramidenzeit, S. 47; Bonnet, a.a.O., s. Anm. 29.

[34]) Giulio Farina, Il papiro dei Re ristaurato, Rom 1938; Bonnet, a.a.O., S. 228f.; 'vgl. Gadd, Ideas of Divine Rule, S. 33.

[35]) Alan H. Gardiner, The Autobiography of Rekhmirē, in: ÄZ 60 (1925), S. 69 (Zeile 17—18).

„Was ist der König von Oberägypten? Was ist der König von Unterägypten? Er ist ein Gott, durch dessen normative Handlungen[36]) man
lebt; (er ist) Vater und Mutter aller Menschen, einzig durch sich, ohne
seinesgleichen."

Als göttlicher und übermächtiger Mittelpunkt des gesamten Kosmos erscheint der Herrscher nicht selten in den königlichen Totentexten, wie sie im
Alten Reich seit Unas, dem letzten König der 5. Dynastie, an den Wänden von
Innenräumen der Pyramiden aufgezeichnet wurden. Stellen aus dem be-
rühmten „Kannibalenhymnus", der die Erhöhung des Königs Unas schildert,
demonstrieren in vorzüglicher Weise diese Anschauung[37]):

„Der Himmel ist wolkenschwer, die Sterne sind verfinstert, das Himmels-
gewölbe erbebt, die Knochen des Erdgottes erzittern, die Bewegungen
stocken — nachdem sie König Unas gesehen haben, glänzend und macht-
voll als der Gott, der von seinen Vätern lebt und seine Mütter verspeist...
König Unas ist es, der die Zauberkräfte ißt und ihre Geister verschluckt...
König Unas ist die große Macht, die Macht hat über die Mächte...
König Unas ist ein Gott, älter als die Ältesten..."

Auch aus der späteren Zeit des beginnenden Mittleren Reiches ist uns die
Anschauung von der Göttlichkeit des verstorbenen Herrschers literarisch gut
bezeugt. In der bekannten „Geschichte des Sinuhe", dem Bericht eines Höf-
lings, der nach der Ermordung Amenemhets I. nach Syrien flieht, um erst an
seinem Lebensabend in die Heimat zurückzukehren, wird der Tod Amenemhets I. mit folgenden Worten berichtet[38]):

„Der König von Ober- und Unterägypten Amenemhet (Sehetep-ib-Rē)
entfernte sich zum Himmel, indem er vereint wurde mit der Sonne,
indem der Gottesleib sich verband mit dem, der ihn gemacht hatte."

Von den nicht-literarischen Zeugnissen des Alten Reiches dokumentieren
am eindrucksvollsten die gewaltigen Pyramidenbauten[39]) den in Frage
stehenden Sachverhalt. Gegenüber der Ansicht einer späteren Zeit, die in
ihnen das Ergebnis einer durch Despotie erzwungenen Sklavenarbeit sah[40]),
sind die Pyramiden tatsächlich Ausdruck eines echten religiösen Anliegens,
das dem Glauben an die uneingeschränkte Gottnatur des Königs entsprang.

Wie der tote, so ist auch der lebende König ein Gott. Als Sinuhe auf seiner
Flucht von einem Beduinenfürsten über die Verhältnisse in Ägypten befragt
wird, spricht er von der Thronbesteigung Sesostris' I., des Sohnes Amenemhets I., in hymnenartiger Weise[41]):

---

[36]) Das wird vielleicht hier die Bedeutung von *ššm·w* treffen.

[37]) Pyr. Spruch 273—274; vgl. Junker, Pyramidenzeit, S. 120ff.; R. O. Faulkner,
The "Cannibal Hymn" form the Pyramid Texts, in: JEA 10 (1924), S. 97ff.

[38]) Sinuhe R 5—8; vgl. Hermann Grapow, Untersuchungen zur ägyptischen
Stilistik I: Der stilistische Bau der Geschichte des Sinuhe, Berlin 1952, S. 10.

[39]) J. E. S. Edwards, The Pyramids of Egypt (Pelican Books A 168), 1947;
vgl. auch: Louis Speleers, La signification des Pyramides, in: Mélanges Maspéro
I, 2, S. 603ff.

[40]) Vgl. Herodot II 124.   [41]) R 13.

„Es ist ja sein Sohn in den Palast eingetreten; er hat das Erbe seines Vaters ergriffen. Ein Gott ist er ja ohnegleichen, kein anderer übertrifft ihn."

Diese Göttlichkeit des lebenden Königs kommt auf mancherlei Weise zum Ausdruck. Seine Kronen sind machtgeladene Zeichen eines sakralen Herrschertums[42]); als „die beiden Mächtigen" (*šḥm·tj*) wird die Doppelkrone bezeichnet[43]). Durch die Mehrzahl seiner Titel wird der König mit Göttern in Beziehung gebracht und ihnen ursprünglich wohl gleichgesetzt[44]). Die Krönung des Königs ist eine sakrale Handlung ebenso wie ihre Erneuerung im Sed-Fest[45]): im dreißigjährigen Zyklus der Generationsfolge bedeutet dieses Jubiläumsfest die Erneuerung der göttlichen Menschwerdung im König. Vor allem ist der König, der freilich im Hinblick auf die zunehmende Zahl der Heiligtümer Priester zu diesem Dienst delegieren kann und muß, nach orthodoxer Meinung der einzige, der im Kult mit den Göttern in Verbindung treten darf[46]), und hierin ist vielleicht, wie schon Aristoteles vermutete[47]), die Wurzel des sakralen Herrschertums zu sehen.

Als Gott ist der ägyptische König der einzige Grundeigentümer, der Besitzer allen Landes[48]), ja der Herr der Welt. In der Doppelkrone wie in seinem Protokoll, nämlich dem sakralen *nb·tj*-(„die beiden Herrinnen"-)Namen und in der politischen Titulatur des „Königs von Ober- und Unterägypten" kommt dieser universale Anspruch in der wohl auf hamitisches Erbe verweisenden[49]) und typisch ägyptischen Anschauungsform eines komplementären Dualismus[50]) zum Ausdruck.

Das hervorstechendste Charakteristikum des Königs ist seine schlechthinnige Macht; es ist vermutet, daß der ägyptische Ausdruck für „Majestät" (*ḥm*) ursprünglich das Machtinstrument der „Keule" bedeutete[51]). Für den

---

[42]) Moret, a.a.O., S. 289.

[43]) Abd el Monem Joussef Abubakr, Untersuchungen über die ägyptischen Kronen (Diss. Bln. 1937), Glückstadt 1937, S. 16.

[44]) Hugo Müller, Die formale Entwicklung der Titulatur der ägyptischen Könige (Ägyptologische Forschungen, Heft 7), Glückstadt 1938.

[45]) Moret, a.a.O., S. 243 ff.; von Bissing-Kees, Das Re-Heiligtum des Königs Ne-Woser-Re, Bd. III, Leipzig 1928; Spiegel, Hochkultur, S. 138.

[46]) Vgl. Fairman, a.a.O., S. 76: "In theory he was the officiant in every temple in the land . . . The consequence of this concept of kingship was that theoretically everything in religious and secular life was linked with the king, and every religious ceremony and ritual was in a sense a royal ritual."

[47]) Politeia VI 5.

[48]) Vgl. Hermann Kees, Das alte Ägypten. Eine kleine Landeskunde, Berlin 1955, S. 28; ders., ÄZ 52 (1915), S. 68.

[49]) Zur vergleichbaren Ausdrucksform der „Polarität" in den hamitischen Sprachen: Carl Meinhof, Die Sprachen der Hamiten, Hamburg 1912, S. 18 ff.

[50]) Eberhard Otto, Die Lehre von den beiden Ländern in der ägyptischen Religionsgeschichte, in: Analecta Orientalia 17 (Studia Aegyptiaca I), Rom 1938, S. 10 ff.; Wolfgang Helck, Zur Vorstellung von der Grenze in der ägyptischen Frühgeschichte, Hildesheim 1951.

[51]) Ludwig Borchardt, Die Hieroglyphe 𓌀, in: ÄZ 37 (1899), S. 82.

gewöhnlichen Menschen ist diese Machtsphäre des Königs tabu; in den alten Worten der Königsprozession[52]):

„Es kommt der Gott — Schutz der Erde!"

findet das seinen knappsten, prägnantesten Ausdruck. Es ist möglich, daß in diesem Sinne einer unnahbaren und dem gewöhnlichen Menschen gefahrvollen Sphäre des Königs auch die Geschichte des *Rˁ-wr* zu verstehen ist[53]); er kommt versehentlich mit einem Szepter des Königs in Berührung und wird dann, offenbar damit er durch den Kontakt mit dem übermenschlichen Machtbereich keinen Schaden oder vielleicht gar den sofortigen Tod erleide, von seiner Majestät ausdrücklich heil gesprochen.

Auf Anschauungen vom tabu-Charakter des Herrschers wird auch die frühe Sitte der sakralen Tötung von Gefolgsleuten beim Königsbegräbnis schließen lassen[54]). Sie hat sich im Gegensatz zu Sumer, wo sie in Kisch und vor allem in den Schachtgräbern von Ur I zutage tritt[55]), für Ägypten nur im nubischen Ausstrahlungsbereich seiner Kultur länger erhalten[56]), aber im Lande selbst ist sie nach der Frühzeit nicht mehr geübt worden. Dafür können wir von der ersten Dynastie an die Sitte verfolgen, daß nach ihrem natürlichen Tode die Mitglieder der Königsfamilie und des Hofes in der Umgebung des Königsgrabes beigesetzt werden[57]). Eine religiöse Akzentverschiebung ist dabei deutlich: an Stelle des tremendum[58]) des göttlichen Herrschers wird jetzt stärker seine lebenspendende und lebenerhaltende Kraft gesehen.

Als eine Macht, die das ordnungsgemäße Spiel der Lebensmächte in Gang hält, erscheint vor allem der König des Alten Reiches. Er ist selbst „mit Leben begabt" und daher „Spender des Lebens"[59]), er ist es, „der die Herzen am Leben erhält"[60]). Die mit „König" oder einem Königsnamen gebildeten Eigennamen des Alten Reiches zeigen das Bestreben der Teilnahme des Namensträgers an der Lebenssphäre des Königs[61]). Sehetep-ib-Rē, ein hoher Beamter des Mittleren Reiches unter Amenemhet III., knüpft an die Anschauungen des Alten Reiches an, wenn er auf seinen Grabstein zusätzlich zu den biographischen Angaben noch eine Lehre (*śbȝj·t*) setzen läßt, mit der er

---

[52]) WB III 416,8; Hermann Kees, Totenglauben und Jenseitsvorstellungen der alten Ägypter, Leipzig 1926, S. 381.

[53]) Urk. I 232; Selim Hassan, Excavations at Giza, Bd. I, Oxford 1932, S. 18f.

[54]) Flinders Petrie, Tombs of the Courtiers and Oxirhynkhos, London 1925, 8 (Sect. 14); Adolf Erman, Die Religion der Ägypter, Berlin und Leipzig 1934, S. 246.

[55]) F. M. Th. de Liagre Böhl, Das Menschenopfer bei den alten Sumerern, in: ZA 39 (1929), S. 83ff., jetzt auch: Opera Minora, Groningen und Djakarta 1953, S. 163ff.; Anton Moortgat, Tammuz. Der Unsterblichkeitsglaube in der altorientalischen Bildkunst, Berlin 1949, S. 53ff.; Hartmut Schmökel, Das Land Sumer (Urban-Bücher, Bd. 13), Stuttgart 1955, S. 152.

[56]) G. A. Reisner in: ÄZ 52 (1915), S. 34ff.; A. Wiedemann in: ARW 21 (1922), S. 467.

[57]) Junker, Pyramidenzeit, S. 50ff.

[58]) Vgl. R. Otto, Das Heilige, 23.—25. Aufl., S. 14ff.

[59]) *dj ˁnḫ*; vgl. Frankfort, Kingship and the Gods, S. 59.

[60]) *śˁnḫ ib·w*; vgl. Jacobsohn, Dogmatische Stellung, S. 49.

[61]) Junker, a.a.O., S. 48.

unter eindringlichem Verweis auf jene lebenspendenden Eigenschaften des Königs seine Kinder zu dessen Verehrung ermahnt[62]):

„Die Einsicht (*sj3*) ist er (der König), die in den Herzen ist. Seine Augen durchsuchen jeden Leib. Er ist Rē, der durch seine Strahlen gesehen wird. Er erleuchtet die beiden Länder (Ägyptens) mehr als die Sonne. Er läßt das Land mehr grünen als ein hoher Nil. Er hat die beiden Länder mit Kraft und Leben erfüllt . . . Er gibt Lebenskräfte denen, die ihm Gefolgschaft leisten. Er versieht mit Speisen den, der seinem Wege anhängt. Die Lebenskraft (*k3*) ist der König, und Überfluß ist sein Mund . . .“

Für die Tatsache, daß mit dem sakralen Königtum des Alten Reiches ein statisches, sich kyklisch wiederholendes Geschichtsbild verbunden war[63]), besitzen wir keine direkten ägyptischen Zeugnisse, und Spezialuntersuchungen hierüber stehen noch aus[64]). Aber wir können aus indirekten Zeugnissen mit Sicherheit darauf schließen. Eberhard Otto hat darauf hingewiesen, daß das ägyptische Wort für das „Jahr“, *rnp·t*, das „das sich Verjüngende, sich Erneuernde“ bedeutet, ein Ausdruck ist für „das Bewußtsein von der Kontinuität der Zeit, die sich in einer unendlichen Wiederholung des sich Gleichen darstellt“[65]). Die Vorstellung von einer unbegrenzten Periodizität, sei es des Jahres- oder des Tageskreislaufs, liegt auch den sonst unterschiedlichen mythologischen Vorstellungen um Osiris und Rē zugrunde[66]). Die im Wesen statische Weltordnung äußert sich ferner in der intentionellen Anknüpfung an den normativen Anfang[67]), der als goldenes Zeitalter gilt[68]). Daß das Königtum aufs engste mit solchen Anschauungen verbunden war, geht hervor aus der Tatsache, daß das erste Regierungsjahr eines Königs als „Jahr der Vereinigung der beiden Länder“ bezeichnet wurde[69]). Darin liegt die jedem Gedanken eines irreversiblen Fortschritts fremde Ansicht, daß die für den Bestand Ägyptens entscheidende frühzeitliche Vereinigung der beiden Reichshälften bei jedem Regierungsantritt neu vollzogen werde.

---

[62]) Kairo 20538 verso; bearb. von Moharram Kamal in: Annales du Service des Antiquités de l'Égypte 40 (1940), S. 209ff.; übers. von Adolf Erman, Die Literatur der Ägypter, S. 120f.

[63]) Fairman, a.a.O., S. 75: "To him (the Egyptian) the kingship was not merely part, but the kernel of the static order of the world."

[64]) Hermann Ranke, Vom Geschichtsbilde der alten Ägypter, in: Chronique d'Égypte 12 (1931), S. 277—286, behandelt die Gliederung der gesamten ägyptischen Geschichte in die einzelnen Dynastien und die drei großen, von uns als „Reiche“ bezeichneten Abschnitte.

[65]) Eberhard Otto, Ägyptische Zeitvorstellungen und Zeitbegriffe, in: Die Welt als Geschichte 1954, S. 139.

[66]) Die Frage, ob die biblische Verheißung Gen 8,22 kyklisch ist und damit dem prophetischen Geschichtsbild widerspricht (so: Hermann Gunkel, Genesis, Göttingen 1922, S. 66), hängt davon ab, ob כָּל־יְמֵי הָאָרֶץ als „ewig“ oder im Sinne einer Begrenzung zu verstehen ist.

[67]) Frankfort, Kingship and the Gods, S. 4: "Egypt viewed the universe as essentially static. It held that a cosmic order was once and for all established at the time of creation."

[68]) Kurt Sethe, Amun und die acht Urgötter von Hermopolis, Berlin 1929, S. 63.

[69]) Heinrich Schäfer, Die Vereinigung der beiden Länder, in: MDIK 12 (1943), S. 83.

b) Der Zusammenbruch

War der König des Alten Reiches „einziger selbständiger Faktor auf irdischer Seite gegenüber der Götterwelt"[1]), so ist die am Ende der 6. Dynastie
(2263 v. Chr.)[2]) voll in Erscheinung tretende echte Krise verständlich[3]), die,
alle Lebensgebiete umfassend, ihren geistigen Ausgang vom Zerfall der sakralen Königsidee nimmt und damit den Einzelmenschen aus dem durch das
Gott-Königtum gegebenen überindividuellen Lebenszusammenhang heraus-
reißt[4]). Am unmittelbarsten deutlich wird der Zusammenbruch in den als
„Admonitions" bekannten Reden des Ipu[5]), den Mahnworten jenes leidenschaftlichen Vertreters der alten Ordnung, der in grellen Farben den Verfall
seiner Zeit schildert[6]):

> „Sehet, Dinge sind getan worden, die sich seit fernsten Zeiten nicht zu-
> getragen haben. Der König ist von den Elenden gestürzt worden.
>
> Sehet, der als (königlicher) Falke Begrabene ist aus dem Sarge gerissen.
> Was die Pyramide verbarg, ist ausgeleert.
>
> Sehet, es ist so weit gekommen, daß das Land des Königtums beraubt
> worden ist durch wenige Ignoranten.
>
> Sehet, es ist so weit gekommen, daß man sich aufgelehnt hat gegen
> das Schlangendiadem des Rē, der die beiden Länder (Ägyptens) in Ruhe
> hielt.
>
> Sehet, das Geheimnis des Landes, dessen Grenzen man nicht kannte, ist
> entblößt[7]). Die Residenz ist in einer Stunde überwältigt worden . . .
>
> Sehet, die (heilige) Ḳrḥ·t-Schlange[8]) ist aus ihrer Höhle genommen; das
> Geheimnis der Könige von Oberägypten und Unterägypten ist aufgedeckt."

---

[1]) Hermann Kees, Kulturgeschichte des Alten Orients I: Ägypten, München
1933, S. 172.

[2]) Nach den Ansätzen von Hanns Stock, Die erste Zwischenzeit Ägyptens
(Analecta Orientalia 31), Rom 1949.

[3]) Vgl. die Schilderungen bei: E. Otto, Ägypten, S. 80ff.; H. Junker, Pyramidenzeit, S. 147ff.

[4]) E. Otto, a.a.O., S. 91.

[5]) Vgl. E. Otto, Der Vorwurf an Gott. Zur Entstehung der ägyptischen Aus-
einandersetzungsliteratur, Hildesheim 1951, S. 5; ders., Weltanschauliche und
politische Tendenzschriften, in: Handbuch der Orientalistik, Bd. I, 2. (Ägyptologie,
Literatur), Leiden 1952, S. 113.

[6]) Admonitions 7, 1—7, 6; s. Alan H. Gardiner, The Admonitions of an Egyptian
Sage, Leipzig 1909, S. 53ff.; Joachim Spiegel, Soziale und weltanschauliche Reformbewegungen im alten Ägypten, Heidelberg 1950, S. 18.

[7]) Zum Geheimnis des Königtums vgl. Urk. IV 1074, wo der König mit dem
Weisheitsgott Thot verglichen und ihm Allwissenheit zugesprochen wird.

[8]) Zur ḳrḥ·t-Schlange vgl. Rudolf Anthes, Die Felsinschriften von Hatnub
(Untersuchungen zur Geschichte und Altertumskunde Ägyptens, Bd. 9), Leipzig
1928, gr. 26 (S. 61).

Der Untergang des Alten Reiches ist nicht das Ergebnis eines einzigen und plötzlich eintretenden Ereignisses gewesen, wenn auch die ungewöhnlich lange Regierung Phiops' II., die angeblich 94 Jahre gedauert haben soll (nach späterer Tradition des Turiner Königspapyrus 90), sowie die Kraftlosigkeit dieses Königs während seiner von Manetho auf 100 Jahre angesetzten Lebenszeit von der Kindheit bis zum Greisenalter als auslösende Faktoren anzusehen sind[9]). Tatsächlich ist der Zusammenbruch die letzte Folge einer sich seit langem anbahnenden und in verschiedenen Äußerungen zu beobachtenden Entwicklung. Bei dem speziellen Charakter des sakralen Herrschertums, das der nach unserem Verständnis transzendenten wie der immanenten Sphäre gleichermaßen verhaftet ist, versteht es sich, daß neben spezifisch religiösen auch profane Indizien nicht nur Symptome, sondern Faktoren des geistigen Niedergangs darstellen.

Der Aufstieg des aus dem Kreis der kosmischen Götter des Ostdeltas stammenden heliopolitanischen Sonnengottes Rē hatte deshalb wesentlichen Anteil an einer Vermenschlichung des Herrschers, weil mit dem Bekenntnis zu ihm an die Stelle der ehemaligen Identität des Königs mit dem Herrschergott nun die Filiation tritt. ,,Bisher hatte man den König als Verkörperung des großen Falkengottes Horus betrachtet, nunmehr wird der Herrscher allmählich als erstes und höchstes Geschöpf der Sonne, als ihr Sohn aufgefaßt''[10]). Die 5. Dynastie (2563—2423), die den Sonnenglauben zur Staatsreligion erhebt, vollzieht damit tatsächlich eine Herabminderung der Göttlichkeit des Herrschers. In einer aus dem späteren Mittleren Reich erhaltenen Fassung ist uns im Papyrus Westcar ein legendärer Bericht vom Emporkommen der Rē-gläubigen Könige der 5. Dynastie überliefert[11]). Er erzählt zunächst, wie ein Zauberer dem König Cheops (4. Dyn.) die Geburt dreier zu dem ,,trefflichen Amt'' der Königswürde bestimmter und von Rē gezeugter Söhne der Frau eines Rē-Priesters voraussagt. Der zweite Teil der Geschichte berichtet die Geburt dieser zur Ablösung der 4. Dynastie bestimmten Söhne. Von Rē entsandte Götter und Göttinnen, unter ihnen der Menschenbildner Chnum und die Geburtsgöttin, greifen helfend ein. Sie schenken, in Gerste verborgen, den Kindern Königsdiademe. Als die 5. Dynastie tatsächlich den Rē-Glauben zur Staatsreligion erhob, erkannte sie eine Bewegung offiziell an, für deren Vorgeschichte wir bereits in königlichen Rē-Namen der 2. Dynastie Zeugnisse haben[12]) und die von den Herrschern in der zweiten Hälfte der 4. Dynastie, die ebenfalls Rē-Namen tragen, selbst gefördert worden war. Mit dieser Anerkennung war eine Erschütterung des

---

[9]) Stock, a.a.O., S. 23.

[10]) Hanns Stock, Das Ostdelta Ägyptens in seiner entscheidenden Rolle für die politische und religiöse Entwicklung des Alten Reiches, in: Die Welt des Orients 1 (1948), S. 140.

[11]) Adolf Erman, Die Literatur der Ägypter, S. 72ff.; vgl. J. Spiegel in: Handbuch der Orientalistik I,2, S. 130f.

[12]) Als erster ägyptischer Herrscher trägt der zweite König der 2. Dyn. einen Rē-Namen: Nebrē, ,,Der Herr ist Rē''; in der unterägyptischen Nebendynastie der zweiten Dynastie findet sich der Königsname Neferkarē; vgl. Eduard Meyer, Geschichte des Altertums I, 2, 2. Aufl., Stuttgart und Berlin 1909, S. 133; H. Kees, Götterglauben, S. 234; J. Spiegel, Hochkultur, S. 141.

Gott-Königtums gegeben, wie sie dann in der Zeit des praktisch am Ende der 6. Dynastie stehenden Phiops' II. voll in Erscheinung tritt[13]), und mit ihr war der Verfall des Staates eingeleitet[14]).

Vielleicht veranschaulicht die Alabaster-Statuette Phiops' I. mit dem von ihm abgewandten Königsfalken[15]) durch Mittel des künstlerischen Bildens den geistig weiten Abstand zum sakralen Königtum in der Blütezeit des Alten Reiches[16]). Denn technische Gründe erklären natürlich allein den Wandel nicht; die Kunst wäre sonst nicht Ausdruck der geistigen Situation ihrer Zeit. Der Falke, der auf der Rückenlehne des Königssitzes Phiops' I. hockt, sitzt im rechten Winkel zur Front und steht künstlerisch mit der Königsfigur in keiner Harmonie. Als Ausdruck des Zerfalls einer Idee können wir diese Darstellung besonders dann ansehen, wenn wir sie vergleichen mit der Diorit-Statue Chefrens[17]): diese stellt dar, wie das Haupt des Königs von den Flügeln des Falken geschützt, ja nahezu mit dem theriomorphen Numen ineins gesehen wird und wie dadurch Chefren „von der Hoheit des unter besonderem Schutze der Gottheit stehenden Herrscheramtes erfüllt ist"[18]). Noch deutlicher ist freilich der Gegensatz hierzu, als nach dem Zerfall des Alten Reiches und einer Zeit der Wirren erneut eine Königsplastik geschaffen wird. Die Herrscher des Mittleren Reiches, die das Erbe eines geschichtlichen Zerfalls des Gott-Königtums übernehmen, vermitteln in ihren Statuen einen lebendigen Eindruck ihrer Tatkraft und ihres Verantwortungsgefühls. Sie lassen eine Spannung deutlich werden, die aus einer Überordnung über alle Menschen, aber auch einer gleichzeitigen Unterordnung unter die Götter verständlich wird. Das bedeutet aber, daß hier das Portraithafte hervortritt und das Typische, die Wiedergabe einer Idee, wie sie dem Alten Reich primäres Anliegen war, unterdrückt[19]).

Für die mit der Minderung des sakralen Anspruches des Herrscheramtes verbundene Verweltlichung des Königtums ist bezeichnend, daß Frauen nicht-königlicher Herkunft den offiziellen Königinnen-Titel erhalten[20]); die zwei

---

[13]) H. Stock, Die erste Zwischenzeit, S. 19: „Die menschlichen Züge des Königs treten in seinem ehemals göttlichen Bilde hervor, und mit der Entdeckung dieser Menschlichkeit beginnt beim Untertan die Enttäuschung."

[14]) Wilson, The Burden of Egypt, S. 105: "If the keystone of the state, the divine kingship, were shattered or extracted, the whole proud edifice would crumble."

[15]) BIFAO 52 (1953), Taf. III; C. Aldred, Old Kingdom Art in Ancient Egypt, London 1949, Taf. 62f.; H. Ranke, Meisterwerke der ägyptischen Kunst, Basel 1948, Taf. 19.

[16]) Vgl. Walther Wolf, Die Kunst Ägyptens. Gestalt und Geschichte, Stuttgart 1957, S. 177f.

[17]) Ludwig Borchardt, Statuen und Statuetten von Königen und Privatleuten, Berlin 1911, Nr. 14.

[18]) Heinrich Schäfer, Die Kunst Ägyptens (Propyläen-Kunstgeschichte, Bd. 2), 3. Aufl., Berlin 1925, S. 44f.

[19]) Vgl. die Kunstanalysen des Mittleren Reiches bei: Hans Gerhard Evers, Staat aus dem Stein, München 1929.

[20]) E. Otto, Ägypten, S. 81.

Töchter des Abydeners Ḥwj, die Phiops I. heiratet, bekommen die Stellungen legitimer Fürstinnen. Das Nachlassen der religiös begründeten Autorität des Königtums tritt auch deutlich zutage in der Tatsache, daß ein gewisser Uni, der unter mehreren Königen der 6. Dynastie hohe Ämter innehat, in seiner Biographie [21]) einen Prozeß erwähnen kann, der das königliche Haus unmittelbar betrifft; er erzählt, daß er in einem Haremsprozeß den Auftrag hatte, eine „königliche Gemahlin" zu verhören. Freilich geht er in seinem Bericht nicht auf Einzelheiten ein.

Bei einer politischen Betrachtung erweist sich die Schwächung der königlichen Autorität als ein Vordringen der partikularen Kräfte gegenüber der Zentralgewalt, das zum Gaufürstentum führt [22]). Auch hier geht die religiöse Entwicklung mit der profanen Dezentralisation Hand in Hand [23]). Die Provinzstädte werden zu religiösen Mittelpunkten, das Begräbnis auf dem Königsfriedhof, der offenbar immer kärglicher mit Spenden bedacht wird [24]), wird durch das in der Heimat ersetzt [25]).

Wie sehr die Leitung des Staates der Residenz entgleitet, sehen wir an der Geschichte der Beamtentitel des Alten Reiches. Sie werden in der Zerfallszeit nicht mehr durch tatsächliche Machtbefugnisse gedeckt; unter Phiops II. müssen wir mit einigen titularen Vezieren rechnen [26]). „Im Staat führt dieses Streben nach persönlicher Unabhängigkeit zur Zersetzung der Verwaltung. Beginnt man doch sowohl am Hofe wie besonders in der Provinz durch Annektierung der Titel der Vorgesetzten sich von deren Amtsgewalt frei zu machen. ... Überall gibt nicht mehr das Amt, sondern der Rang den Ausschlag ... Das Streben nach den höchsten Rangtiteln ergreift immer weitere Beamtenkreise, und der damit verbundene Anspruch auf Unabhängigkeit läßt das Arbeiten des Staatsapparats zerbrechen" [27]).

Das umfassendste ägyptische Literaturwerk, das die mit dem Untergang des Alten Reiches einsetzende Anarchie im Sinne einer den aristokratischen Traditionen des Alten Reiches verhafteten Polemik schildert, sind die als „Admonitions" bekannten Reden des Ipu [28]). Auch für das Verständnis dieses Textes, der in der Feststellung gipfelt [29]):

„Es ist doch so: das Land dreht sich um, wie (es) die Töpferscheibe tut", ist wichtig, daß seine profanhistorischen Aussagen, die die Umkehr der sozia-

---

[21]) Urk. I 98ff.

[22]) Jacques Pirenne, Histoire des institutions et du droit privé de l' Ancienne Égypte, Bd. 3: La VIᵉ dynastie et le démembrement de l' Empire, Brüssel 1935, S. 162 u. ö.

[23]) Pirenne, a.a.O., S. 443: "Le morcellement de la puissance politique conduisait ainsi parallèlement au morcellement religieux."

[24]) H. Stock, Die erste Zwischenzeit, S. 13.

[25]) Frankfort-Wilson-Jacobsen, Intellectual Adventure, S. 97f.

[26]) Hermann Kees, Beiträge zur Geschichte des Vezirats im Alten Reich. Die Chronologie der Vezire unter Phiops II., NGGW, phil.-hist. Kl., Fachgruppe I, NF Bd. IV, Nr. 2, Göttingen 1940, S. 53.

[27]) Wolfgang Helck, Untersuchungen zu den Beamtentiteln des ägyptischen Alten Reiches (Ägyptologische Forschungen, Heft 18), Glückstadt 1954, S. 133.

[28]) Siehe Anm. 6.   [29]) Admonitions 2, 8.

len Ordnungen[30]) und wirtschaftlichen Besitzverhältnisse[31]) sowie die Vorherrschaft der Gewalt[32]) sehr stark betonen, gesehen werden müssen auf dem
Hintergrund des Zerfalls einer immanent-transzendenten Einheit und damit
den Zerfall einer Idee dokumentieren.

Aber nicht nur diese zeitgenössische Schilderung ist ein wichtiges Zeugnis
für den Untergang des Alten Reiches. Dieser ist vielmehr auch mit den Mitteln
der mythischen Aussage erfaßt worden in einem aus späterer Zeit unter dem
Namen des ,,Buches von der Himmelskuh" überlieferten Text[33]). Er schildert,
wie die Menschen feindliche Reden[34]) gegen den Sonnengott Rē ersannen, ,,als
seine Majestät alt geworden war". Rē, der diese Dinge merkt, die die Menschen
gegen ihn erdacht hatten, befiehlt der Hathor (Sachmet) die Vernichtung des
Menschengeschlechtes. Motivgeschichtlich liegt hier ein Analogon zu den Sint-
fluterzählungen vor[35]). Im ägyptischen Bericht wird die völlige Vernichtung
durch eine List abgewandt und daraufhin eine Art Neuordnung der Welt vorgenommen.

Wichtig ist dieser Text vor allem auch deshalb, weil er demonstriert, daß
sich mit der wahrhaft totalen Krise am Ende des Alten Reiches, der der Zerfall
des sakralen Herrschergedankens zugrunde lag, auch ein Wandel im Geschichtsbild vollzieht[36]). Indem das Eschaton als Möglichkeit gedacht wird, ist der
Bruch mit dem statischen Weltbild vollzogen. Selbst Ipu, der sich als Vertreter
des Alten gibt, kann sich keineswegs dem Umbruch des Denkens entziehen.
Wenn er Dinge schildert, ,,die sich seit fernsten Zeiten nicht zugetragen

---

[30]) Vgl. u. a. Adm. 6, 8 : ,,Sklaven sind Herren von Sklaven geworden"; Adm. 4, 3 :
,,Die Kinder von Fürsten werden gegen die Wände geschlagen."

[31]) Vgl. u. a. Adm. 2, 5 : ,,Der sich keine Sandalen machen konnte, ist (jetzt)
Besitzer von Reichtümern."

[32]) Vgl. u. a. Adm. 2, 7—8 : ,,Jede Stadt sagt: Laßt uns die Mächtigen unter uns
unterdrücken!"

[33]) Neueste Textausgabe: Charles Maystre, Le livre de la vache du ciel dans les
tombeaux de la vallée des rois, in: BIFAO 40 (1941), S. 53ff.; vgl. ferner: Edouard
Naville, La destruction des hommes par les dieux, in: TSBA 4 (1875), S. 1ff.; ders.
in: PSBA 8 (1885), S. 412ff.; Übersetzungen: Erman, Literatur, S. 77ff. (Teil-
übers.); Günther Roeder, Urkunden zur Religion des Alten Ägypten, Jena 1923,
S. 142ff.; vgl. Erman, Religion, S. 63ff.; J. Spiegel in: Handbuch der Orientalistik
I, 2, S. 124; Jacques Vandier, La religion égyptienne (Mana I), Paris 1949, S. 38.

[34]) Im Sinne von ,,Aufruhr"; vgl. die analoge Verwendung von md·t, ,,Rede",
bei der Schilderung einer Verschwörung zur Zeit Ramses' III.: Papyrus judiciaire
Turin 2, 5.

[35]) Auf die weltweite Verbreitung des Sintflutmotivs hat schon hingewiesen:
Jacob Grimm, Deutsche Mythologie, 3. Ausg. 1, Göttingen 1854, S. 541. — Zu den
Sintflutberichten vgl. ferner: Hermann Usener, Die Sintfluthsagen, Bonn 1899;
Georg Gerland, Der Mythus von der Sintflut, Bonn 1912; Johannes Riem, Die
Sintflut in Sage und Wissenschaft, Hamburg 1925 (zählt 268 Berichte); M. Winter-
nitz, Die Flutsagen des Altertums und der Naturvölker, in: Mitt. der Anthropo-
logischen Gesellschaft zu Wien 31, S. 305ff.; Hermann Schneider, Wanderungen
und Wandlungen der Sintflutsage, Leipzig 1913.

[36]) Vgl. G. Lanczkowski, Eschatology in Ancient Egyptian Religion, in: Proceedings of the Ninth International Congress for the History of Religions (Tokyo
and Kyoto 1958), Tokyo 1960, S. 129—134.

haben"[37]), so liegt darin die Anerkennung der tatsächlichen Veränderung. Die Zeit wird nicht mehr als ständige Wiederholung des Gleichen, sondern in ihrer Wandelbarkeit erlebt. Mit dem Satz[38]):

> „Ach, hätte er doch ihr (der Menschen) Wesen vom ersten Geschlecht an erkannt, er würde das Böse schlagen; er würde den Arm dagegen aus-strecken; er würde den Samen davon und ihr Erbe zerstören",

kommt ein aus dem Erlebnis der Verderbtheit der Zeit resultierender Wunsch zum Ausdruck, dem die Möglichkeit eines göttlichen Gerichtes und damit eines endgeschichtlichen Ereignisses zugrunde liegt[39]). Die Feststellung:

> „Es gibt keinem Mann von gestern mehr"[40]),

mit der die sozialen Veränderungen beklagt werden, ist ebenfalls nur möglich auf Grund der Einsicht in die Wandelbarkeit der Zeit.

c) Geistige Strömungen

Erst mit dem Zerfall des sakralen Herrschertums und des in sich geschlosse-nen statischen Geschichtsbildes des Alten Reiches ist die Möglichkeit gegeben für das gleichzeitige Auftreten divergierender weltanschaulicher Richtungen, unter denen auch das Prophetentum seinen Platz einnimmt. Der Eingriff gewöhnlicher Menschen in die vordem dem Gott-König vorbehaltenen Ge-biete dürfte eine erste Folge des Zusammenbruchs gewesen sein. Verstehen wir unter solch einer selbstherrlichen Aneignung königlicher Vorrechte deren Loslösung aus einer sinnvollen weltanschaulichen Einheit zum Zwecke per-sönlicher Vorteile, so können wir diese Erscheinung als ein Auftreten magischer Tendenzen bezeichnen. Diese Ansicht ist belegbar durch ein Wort des Ipu[1]), der davon spricht, daß wirkungskräftige Sprüche, die eine Kraft der Realisa-tion in sich tragen[2]), enthüllt und profanisiert worden seien.

Als aufschlußreich für diese Hinwendung zur Magie kann zunächst die bereits erwähnte Annexion von Titeln angesehen werden. Sie beruht auf der Vorstellung, daß der Titel in sich eine Mächtigkeit enthalte. „Die Vorstellung von der magischen Macht alter Prinzentitel, die hier zunächst für Bedürfnisse des ‚Staates' benutzt wurde, beginnt während der 5. Dynastie immer mehr an Bedeutung zu gewinnen ... In diesen Titeln meint man, die ihnen inne-wohnende Mächtigkeit mit zu übernehmen; man behängt sich mit ihnen wie mit Amuletten"[3]).

Ein weiteres Kennzeichen für eine magische Geistesrichtung ist die Über-nahme der Riten des butischen Begräbnisses[4]) durch Privatleute. Wenn auch

---

[37]) Siehe Anm. 6.
[38]) Adm. 12,2—3.
[39]) Vgl. Adm 5,14—6,1.
[40]) Adm. 2,2.
[1]) Adm. 6,6.
[2]) ḥk3·w.
[3]) W. Helck, Untersuchungen zu den Beamtentiteln des ägyptischen Alten Reiches, S. 111.
[4]) Hermann Junker, Der Tanz der Mww und das Butische Begräbnis im Alten Reich, in: MDIK 9 (1940), S. 1ff.

das Ritual einen frühen Brauch darstellt und zur Zeit seiner Annexion nicht mehr für den König zelebriert wurde, so sind doch seine symbolischen Handlungen mit dem Auftreten der *Mww*, die als Ahnen des Herrschers den toten König mit Tanzen und Händeklatschen empfangen[5]), so sehr dem königlichen Bereich verhaftet, daß im Rahmen eines anerkannten sakralen Herrschertums ihre Übernahme ein Sakrileg gewesen wäre. Erst die Erschütterung des Gott-Königtums läßt den magischen Gebrauch der Riten zu.

Das magische Moment beherrscht auch die Sargtexte[6]). Bei ihnen handelt es sich um ein umfangreiches und vielseitiges Textgut, das die religiösen Anschauungen einer sozial breiten Schicht darstellt[7]). Die Sargtexte[8]), deren Niederschrift auf die geweißten Wände der Särge nach dem Ende des Alten Reiches beginnt und sich als Sitte bis in die 17. Dynastie erhält, stellen eine „Demokratisierung" des Totenglaubens dar und sind Ausdruck einer von magischen Zwecken bestimmten Entwicklung[9]), die mit der anfänglichen Übernahme von Pyramidentexten für die verstorbene Königin eingeleitet wird[10]) und sich dann auf weitere Kreise erstreckt. Im unterschiedlichen Gebrauch der Pyramiden- und der Sargtexte äußert sich der Bruch, der zwischen den Welten liegt, die sie repräsentieren. Das Vordringen des magischen Zweckes in den Sargtexten bedingt ein verändertes Verhältnis zur mythischen Welt. Die Nachfolgeliteratur der Pyramidentexte zitiert zwar noch in mannigfacher Weise die Welt des Mythos. Aber die mythischen Gegebenheiten, denen hier offenbar keine kultische Realisation im Begräbnisritual mehr entspricht, sind nicht zentrale und alleinige Mittel zur Sicherung der Unsterblichkeit, sondern treten zusätzlich zu etwas anderem hinzu. Ein Spruch der Sargtexte[11]) gibt ein gutes Beispiel hierfür:

> „Ich lebe, ich sterbe, ich bin Osiris. Ich bin hervorgekommen aus dir, ich bin eingetreten in dich, ich bin fett geworden in dir, ich bin gewachsen in dir, ich bin in dich gefallen, ich bin auf meine Seite gefallen. Die Götter leben von mir. Ich lebe, ich wachse als (der Korngott) Nepre, der die Ehrwürdigen (Toten) (mit sich) herausnimmt. (Der Erdgott) Geb hat mich verborgen. Ich lebe, ich sterbe; ich bin die Gerste — nicht vergehe ich."

Es ist deutlich, daß die hier genannten mythischen Bezüge den einer frühen „naturwissenschaftlichen" Beobachtung entspringenden Gedanken der vege-

---

[5]) H. Kees, Totenglauben, S. 367.   [6]) H. Bonnet, Reallexikon, S. 669f.

[7]) Eberhard Otto, Sprüche auf altägyptischen Särgen, in: ZDGM 102 (1952), S. 187ff.

[8]) Literarhistorische Darstellung bei: H. Kees, Sargtexte und Totenbuch, in: Handbuch der Orientalistik I, 2, S. 39ff.; ältere Teilausgabe von: P. Lacau in: Recueil de travaux 26 (1904) — 37 (1915); im Erscheinen begriffene Gesamtausgabe: Adriaan de Buck, The Egyptian Coffin Texts (The University of Chicago Institute Publications), 1935ff. (Abk.: CT); Übersetzung und Kommentar (der Bände CT I—II): Louis Speleers, Textes des cercueils du Moyen Empire Égyptien, Brüssel 1946.

[9]) Vgl. H. Kees, Göttinger Totenbuchstudien (Untersuchungen zur Geschichte und Altertumskunde Ägyptens, Bd. 17), Berlin 1952, S. 7; 22.

[10]) G. Jéquier, La pyramide des reines Neit et Apouit, Le Caire 1928.

[11]) CT IV 330.

tativen Unsterblichkeit in einer nicht durchaus notwendigen Weise ergänzen. Der religionsgeschichtliche Standort einer solchen Literatur, die sich auf dem — in Ägypten niemals konsequent zu Ende gegangenen — Wege vom mythischen zum logischen Denken befindet, ist der einer in magischen Diensten stehenden „vorwissenschaftlichen Wissenschaft"[12]).

Ausdruck magischer Zielsetzung ist auch die mit den Sargtexten einsetzende Sitte, die einzelnen Sprüche mit Zwecktiteln zu versehen, die ihren spezifischen Nutzen für das Jenseits, bisweilen auch für den Lebenden auf Erden angeben; in den Pyramidentexten findet sich nur einmal eine solche Überschrift[13]). Einer dieser Zwecktitel, „Herausgehen am Tage"[14]), wird dann im Neuen Reich zur generellen Bezeichnung jener Textsammlung, die wir nach dem Vorgang von Richard Lepsius das „Totenbuch" nennen.

Neben den magischen Intentionen ist die Skepsis, der menschliche Zweifel an allen Werten, eine Folge der geistigen Erschütterung beim Zusammenbruch des Alten Reiches. Der Zerfall menschlicher Bindungen, wie ihn Ipu anklagend gezeichnet hatte, ist für den „Lebensmüden"[15]) Anlaß zu einer zweiflerischen Haltung, wie sie sein zweites Gedicht zum Ausdruck bringt:

„Zu wem kann ich heute noch sprechen?
Die Brüder sind schlecht,
Und die Freunde von heute: — sie lieben nicht.

Zu wem kann ich heute noch sprechen?
Frech sind die Herzen,
Ein jeder raubt die Habe seines Nächsten.

Zu wem kann ich heute noch sprechen?
Der Sanftmütige geht zugrunde,
Der Brutale setzt sich bei allen durch.

Zu wem kann ich heute noch sprechen?
Der Gutherzige ist elend,
Allerorts wird das Edle zu Boden geworfen.

Zu wem kann ich heute noch sprechen?
Die Sünde schlägt das Land;
Sie hat kein Ende."

---

[12]) Zum Begriff und seinem Nachweis auf einem vielleicht vergleichbaren Stadium der indischen Geistesentwicklung vgl. Hermann Oldenberg, Vorwissenschaftliche Wissenschaft. Die Weltanschauung der Brāhmana-Texte, Göttingen 1919, S. 1.

[13]) Spruch 355: „Die Türflügel des Himmels öffnen."   [14]) pr·t m hrw.

[15]) Adolf Erman, Gespräch eines Lebensmüden mit seiner Seele. Aus dem Papyrus 3024 der Kgl. Museen, Abh. Bln. Akad. 1896; Kurt Sethe, Ägyptische Lesestücke, Leipzig 1924, S. 43ff.; Alexander Scharff, Der Bericht über das Streitgespräch eines Lebensmüden mit seiner Seele, Sitz. Ber. Bayr. Akad., phil.-hist. Abt. Jg. 1937, Heft 9; Helmuth Jacobsohn, Das Gespräch eines Lebensmüden mit seinem Ba, in: Zeitlose Dokumente (Studien aus dem C. G. Jung-Institut), Bd. 3, Zürich 1952, S. 1ff.; Erman, Die Literatur der Ägypter, S. 122ff.; Teilübersetzungen bei: H. Kees, Religionsgeschichtliches Lesebuch, 2. Aufl., Heft 10: Ägypten, Tübingen 1928, S. 54f.; H. Junker, Pyramidenzeit, S. 162ff.; J. Spiegel, Reformbewegungen, S. 48ff.; vgl. G. Lanczkowski in: ZRGG 6 (1954), S. 1ff.

Aber diese Skepsis gegenüber den Mitmenschen hat ihre Wurzel in einem tieferen Zweifel, der religiös begründet ist. Eberhard Otto hat einen wesentlichen Zug innerhalb des ägyptischen Skeptizismus als „Vorwurf an Gott" herausgestellt[16]: „Das ist die Situation: der Mensch sieht sich machtlos in einer Schöpfung, deren Ordnung aus den Fugen geraten ist. Und er schließt zurück auf die Unvollkommenheit der Schöpfung von Anfang an und konstatiert damit die Unzulänglichkeit des Schöpfers selbst und die Mitschuld aller Götter, die auf sein Geheiß die Schöpfung am Leben erhalten."

Wenn es in den Reden des Ipu heißt[17]:

„Wozu gebt ihr ihm denn? Es erreicht ihn nicht.
Trauer ist es (nur), was ihr ihm geben könnt",

so ist ein Vorwurf erhoben, der den Gedanken des fernen Gottes nicht positiv faßt, sondern nur die Zerstörung der kultischen Kommunikation zwischen Mensch und Gott in Betracht zieht. Es ist fraglich, ob der Satz[18]:

„Der Radikale (Heißblütige)[19] sagt: Wüßte ich, wo Gott ist, so würde ich ihm opfern",

mit dem sich Ipu gegen die religiösen Ansichten eines von ihm bekämpften Menschentyps wendet, den gleichen Grad von Skepsis und damit ebenfalls nur die Kennzeichnung jener antikultischen Tendenz zum Inhalt hat. Er kann gewiß in diesem Sinne verstanden werden. Das würde bedeuten, daß der „Radikale" an der Realpräsenz Gottes in den Götterbildern der Tempel zweifelt. Aber die in diesem Satze ausgesprochene Skepsis kann auch absolut gemeint sein und sich auf das Dasein Gottes überhaupt beziehen; dann wäre bei dem „Radikalen" der Schritt vom Vorwurf an Gott zum Atheismus getan und damit die radikalste Konsequenz aus der Weltanschauungsnot der Zeit gezogen[20].

Neben dem Gottesbild finden wir als zweiten Anknüpfungspunkt des Skeptizismus die in Frage gestellte Jenseitshoffnung des Menschen. In Vertretung des sterblichen, angesichts des Todesproblems skeptisch gewordenen Menschen sagt Osiris zu dem Urgott Atum im „Gespräch zwischen Atum und Osiris"[21]:

„Atum, was soll es, daß ich in eine Wüste hinziehen muß? Sie hat doch kein Wasser, sie hat doch keine Luft, sie ist sehr tief, völlig dunkel und grenzenlos! ... In ihr kann man keine Liebesfreuden finden."

Zeigt dieser Text die Erschütterung, die für den Menschen der damaligen Zeit ein Jenseitsbild hervorrief, dem die irdischen Lebensbedingungen fehlen, so wird in anderen Literaturerzeugnissen die für den Skeptizismus typische

---

[16] E. Otto, Der Vorwurf an Gott, S. 5.

[17] Adm. 5, 9.   [18] Adm. 5, 3.

[19] bw; vgl. G. Lanczkowski, Reden und Schweigen im ägyptischen Verständnis, vornehmlich des Mittleren Reiches, in: Ägyptologische Studien, Berlin 1955, S. 195.

[20] Hubert Schrade, Der verborgene Gott, Stuttgart 1949, S. 96, schreibt zu der Stelle: „Verrät sich da nicht schreckliche Gottesnot?"

[21] Totenbuch, Kap. 175, 2. Abschnitt.

hedonistische Diesseitsgestaltung vorgeschlagen. Der Ba[22]) des „Lebensmüden" empfiehlt diese Konsequenz[23]):

> „Wenn du an das Begraben erinnerst, das ist Gram, ist Tränen bringen,
> ist den Menschen traurig machen, ist den Menschen aus seinem Hause
> holen und auf den Hügel werfen. Nie gehst du wieder nach oben, daß du
> die Sonne siehst. — Die da aus rotem Granit bauten und die Halle mauer-
> ten im Grabbau, die Schönes leisteten in dieser schönen Arbeit, so daß
> sie zu Göttern zu werden schienen — ihre Opfersteine sind ebenso leer
> wie die der Müden, die auf dem Uferdamm starben ohne einen Hinter-
> bliebenen; die Flut hat sich ihren Anteil fortgenommen und die Sonnen-
> glut ebenso, und die Fische des Ufers reden mit ihnen! — Höre auf
> mich; denn es ist gut für einen Menschen zu hören[23a]). Folge dem
> frohen Tag, vergiß die Sorge!"

Die hier vorgetragene Lebensanschauung findet sich in vollendeter Aus-
prägung in den „Harfnerliedern"[24]), deren älteste Version bekannt ist aus dem
Grabe eines wohl der 11. Dynastie angehörenden Königs Antef[25]):

> „Wie glücklich ist dieser gute Fürst!
> Das gütige Geschick hat sich erfüllt:
> Der Leib vergeht und schwindet dahin,
> Während andere bleiben — so ist's seit den Tagen der Ahnen.
> Die Götter, welche früher waren, ruhen in ihren Pyramiden.
> Die einst Häuser bauten — ihre Stätten sind nicht mehr.
> Was ist aus ihnen geworden?
> Ich habe die Worte des Imhotep und Hardedef gehört,
> Deren Sprüche weit berühmt sind —
> Doch wo sind ihre Stätten?
> Ihre Mauern sind zerfallen,
> Ihre Stätten sind nicht mehr —
> Als wären sie nie gewesen.

---

[22]) Einer der ägyptischen Seelenbegriffe; vgl. E. Otto, Die Anschauungen vom
B3 nach Coffin Texts Spr. 99—104, in: Miscellanea Gregoriana, Vatikanstadt 1941,
S. 151—160; vgl. ferner u. a. Jean Sainte Fare Garnot, L'anthropologie de
l'Égypte ancienne, in: Anthropologie religieuse (Supplements to Numen, Bd. II),
Leiden 1955, bes. S. 22ff.

[23]) Zeile 55ff.

[23a]) *mk nfr śḏm n rmṯ*, ebenso: Schiffbrüchiger, Zeile 182. Einen sprichwört-
lichen Gebrauch nahmen an: Erman, Gespräch eines Lebensmüden, Abschn. XVI,
und K. Sethe in: ÄZ 44 (1907), S. 87.

[24]) Darauf hat bereits A. Scharff, Bericht über das Streitgespräch eines Lebensmüden, S. 9 Anm. 5, hingewiesen.

[25]) Nach der Übers. bei: Breasted-Ranke, Geschichte Ägyptens, Wien 1936,
S. 141; vgl. ferner: W. Max Müller, Die Liebespoesie der alten Ägypter, 2. Aufl.,
Leipzig 1932, S. 29ff.; Ludwig Stern, Das Lied des Harfners, in: ÄZ 11 (1873),
S. 58ff.; 72f.; M. Lichtheim, The Harper's Songs, in: JNES 4 (1945), S. 178—212;
P. Gilbert, Les chants du harpiste, in: Chronique d'Égypte 19 (1940), S. 38—44;
Erman, Die Literatur der Ägypter, S. 177ff.; Siegfried Schott, Altägyptische
Liebeslieder, Zürich 1950, S. 54; Fr. W. Frhr. von Bissing, Altägyptische Lebens-
weisheit, Zürich 1955, S. 141ff.; vgl. G. van der Leeuw, Phänomenologie, S. 312ff.

Niemand kommt wieder von dort,
Daß er uns erzähle, wie es ihnen ergeht,
Daß er unsere Herzen beruhige,
Bis auch wir zu dem Orte abscheiden,
Zu dem sie gegangen sind. —
Ermutige dein Herz, es zu vergessen,
Und laß es an das denken, was dir nützlich ist!
Folge deinem Wunsch, dieweil du lebst,
Lege Myrrhen auf dein Haupt,
Kleide dich in feines Linnen,
Getränkt mit köstlichen Wohlgerüchen,
Den echten Dingen der Götter.
Vermehre deine Wonne noch mehr,
Laß dein Herz nicht müde sein,
Folge deinem Wunsch und deinem Vergnügen
Und schaffe dir dein Schicksal auf Erden
Nach den Wünschen deines Herzens —
Bis jener Tag der Trauer zu dir kommt.
Denn Osiris erhört ihr Schreien nicht,
Und keinen Menschen ruft die Totenklage aus dem Grab zurück.
Feiere den frohen Tag
Und ruhe nicht an ihm!
Denn siehe, niemand nimmt seine Güter mit sich,
Und keiner kehrte zurück, der dorthin gegangen ist."

Auffällig für die Begründung des in den zitierten Texten aus dem „Lebensmüden" und dem „Harfnerlied" vorgetragenen Hedonismus ist, daß sich dieser auf skeptische Einsichten hinsichtlich der Fortdauer des rituellen Totendienstes, ja des ungestörten Bestandes der Nekropolen beruft. Wir wissen, wie aktuell dieses Thema für das damalige Ägypten war und wie radikal gerade das Aufhören der Totenopfer und die Grabschändungen eine Jenseitshoffnung, die wesentlich an der Erhaltung kultischer Formen hing, in Frage stellen mußte. Aus archäologischen Funden[26] ist deutlich, wie pietätlos die damalige Zeit mit älteren Grabanlagen umging, aus denen sie Material für den zeitgenössischen Grabbau gewann. Wir wissen auch von umfangreichen Grabräubereien jener Zeit in den Pyramiden des Alten Reiches. Die Literatur bestätigt dies Bild vollauf. Ipu klagt in seinen Reden an zwei verschiedenen Stellen[27]:

„Es ist doch so: die in der reinen Stätte (d. i. dem Grab) gewesen sind, die wirft man auf den Wüstenboden; das Geheimnis der Balsamierer ist es, das offen liegt."

Auch die Tatsache, daß als Folge allgemeiner Unordnung die rituelle Bestattung oft unmöglich war, gehört zum Bild der Zeit[28]:

„Es ist doch so: viele Tote sind im Fluß begraben, die Flut ist ein Grab, und die reine Stätte wird zur Flut."

[26] Vgl. Hermann Junker, Geschichte der Ägypter (Geschichte der führenden Völker, Bd. 3), Freiburg i. Br. 1933, S. 77f.
[27] Adm. 4, 4; 6, 14.   [28] Adm. 2, 6—7.

Und auf Zerstörungen in der amphiktyonischen Nekropole von Thinis blickt die „Lehre für König Merikare" voll Trauer zurück[29]):

> „Siehe, eine böse Sache ereignete sich zu meiner Zeit: zerhackt wurde das Gebiet von Thinis."

Und an anderer Stelle[30]):

> „Ägypten kämpfte sogar in der Totenstadt. — Zerstöre keine Gräber in Zerstörungswut!"

Diese Zeugnisse stellen eine wesentliche Ergänzung zu der skeptizistischen und hedonistischen Literatur der Aufstiegszeit des Mittleren Reiches dar; sie erhellen den zeitgeschichtlichen Anknüpfungspunkt für den funerären Pessimismus jener Epoche mit seinen Konsequenzen auf religiösem und moralischem Gebiet. Diese nach dem Zusammenbruch des Alten Reiches aufkommende Weltanschauung entzündet sich äußerlich an auffälligen Zeugnissen irdischer Vergänglichkeit. Aber ihre geistigen Wurzeln liegen tiefer. Sie gründen in der Infragestellung der Gültigkeit einer Weltanschauung, die den Menschen in einem überindividuellen Lebenszusammenhang geborgen wußte und ihm Sicherheit verliehen hatte.

Die religiöse Vielfalt, aber auch die Zwiespältigkeit der Zeit kommt im Götterglauben darin zum Ausdruck, daß neben Rē der Gott Osiris, in dem sich offenbar verschiedenartige religiöse Gedanken personifiziert hatten, immer stärker in Erscheinung tritt. Der aus dem Delta[31]) und zwar aus seinem östlichen Gebiet[32]) stammende Gott Osiris, der im heliopolitanischen System eine Sonderstellung einnimmt[33]), gewinnt mit dem zunehmenden Verfall der Weltanschauung des Alten Reiches eine wachsende Einflußnahme auf Abydos, die alte Königsnekropole der thinitischen Zeit[34]), wo er in einer Entwicklung, die unter Sesostris I. ihren Abschluß findet[35]), an die Stelle des alten Totengottes Chenti-Imentiu, des „Ersten der Westlichen", tritt[36]). Ein wichtiges Datum für den wachsenden Einfluß des Osiris ist die Heirat Phiops' I. mit zwei Töchtern des Abydeners _Ḥwj_ gewesen. Wird auch von den beiden wesentlichsten Komponenten der Osirisfigur, der des patriarchalisch-nomadischen Herrscherbegriffs und der des bäuerlich-vegetativen Lebensbegriffs[37]), bei

---

[29]) Zeile 119f.   [30]) Zeile 69f.

[31]) G. Maspero, Études de mythologie et d'archéologie égyptiennes, Bd. II, Paris 1893, S. 9f.

[32]) H. Stock, Das Ostdelta Ägyptens, S. 140.

[33]) Adolf Rusch, Die Stellung des Osiris im theologischen System von Heliopolis: AO 24,1, Leipzig 1924.

[34]) Vgl. H. Kees, Götterglauben, S. 329ff.

[35]) W. M. Flinders Petrie, Abydos, Teil II, London 1903, Taf. 26.

[36]) Eduard Meyer, Die Entwicklung der Kulte von Abydos und die sogenannten Schakalsgötter, in: ÄZ 41 (1904), S. 97ff.; Alexander Scharff, Die Ausbreitung des Osiriskultes in der Frühzeit und während des Alten Reiches: Sitz. Ber. Bayr. Akad. Wiss., phil.-hist. Kl. Jg. 1947, Heft 4, München 1948, S. 21f.; vgl. u. a. auch H. Bonnet, Reallexikon, S. 144f.

[37]) Vgl. Eberhard Otto, Ein Beitrag zur Deutung der ägyptischen Vor- und Frühgeschichte, in: Die Welt des Orients 1952, S. 450f.

seinem abydenischen Aufstieg primär der erstere, der die Möglichkeit einer Anknüpfung an die Königsgräber der Frühzeit einschloß[38]), maßgebend gewesen sein, so hat der Charakter des das Naturgesetz des Werdens, Vergehens und Neuwerdens symbolisierenden Vegetationsgottes, der mit vorderasiatischen Fruchtbarkeitsgöttern in Zusammenhang gebracht worden ist[39]), gerade auf funerärem Gebiet entscheidende Bedeutung gewonnen.

Aber weder das Nebeneinander unterschiedlicher religiöser Richtungen noch die Existenz einer skeptizistischen Strömung sind ausreichende Erklärungen für das Aufkommen des Prophetismus. Ein zweites kommt hinzu, das unmittelbar mit dem Untergang des Alten Reiches zusammenhängt. Es wird deutlich durch ein von Henri Bergson in seinem Werke über „Die beiden Quellen der Moral und der Religion"[40]) entwickeltes Einteilungsprinzip. Im Gegensatz zu Kant, der die Anschauungsformen des Raumes und der Zeit als gleichartige Kategorien einander zugeordnet hatte, ging Bergson in seiner Philosophie von deren Gegensätzlichkeit aus. So kam er zur Unterscheidung zweier Seinssphären und zweier Erkenntnisweisen, der verräumlichenden und der den Fluß des Geschehens unmittelbar erfassenden. Der ersteren ordnete er eine geschlossene Moral und eine statische Religion zu, der zweiten eine offene Moral und eine dynamische Religion. Es versteht sich, wie diese Begriffe auf die in Frage stehende Epoche angewandt werden können. Der Zusammenbruch der statischen Ordnung des Alten Reiches machte die Kräfte für eine dynamische Religion frei. Damit war die Stunde des Prophetismus gekommen.

---

[38]) H. Kees, Götterglauben, S. 333; Wolfgang Helck, Die Herkunft des abydenischen Osirisrituals, in: Archiv Orientální 20 (1952), S. 72 ff.

[39]) Es ist die bislang unbewiesene Vermutung einer Verwandtschaft des Osirisnamens mit dem des mesopotamischen Gottes Asariluḫi geäußert worden: Sidney Smith, The Relation of Marduk, Ashur and Osiris, in: JEA 8 (1922), S. 41 ff.; Kurt Sethe, Urgeschichte und älteste Religion der Ägypter, Leipzig 1930, S. 79, hat den Namen „Osiris" als „Sitz des Auges" (im Sinne eines Kosenamens) gedeutet.

[40]) Henri Bergson, Les deux sources de la morale et de la religion, Genf o. J. (1932); Deutsche Ausgabe: Jena 1933.

3. Der „Bauer" als Prophet

a) Bisherige Interpretationen des Textes

Die Geschichte des „Bauern"[1]), ein — gemessen an der üblichen Länge der uns überlieferten ägyptischen Texte — recht umfangreiches Literaturwerk, spielt zur Zeit Achthoës' II. (9. Dyn.) und schildert, wie einem Oasenbewohner, der seine Erträgnisse nach Herakleopolis magna-Ehnās, der Hauptstadt des 21. oberägyptischen Gaues, der Heimat der Könige der 9. und 10. Dynastie, bringen will, auf dem Reiseweg zu diesem Markt sein Esel und dessen Last von einem Gutsbeamten geraubt werden[2]). Den Hauptinhalt des Textes bilden dann neun Reden, die der „Bauer" beschwerdeführend vor dem Obergütervorsteher Merus Sohn Rensi, dem Vorgesetzten des Gutsbeamten, hält und die gewöhnlich als „Klagen" bezeichnet werden.

In diesen „Klagen des beredten Bauern" das umfassendste Dokument für eine prophetische Bewegung in der Aufstiegszeit des Mittleren Reiches zu sehen, gibt dem Text ein inhaltliches Gewicht, wie es ihm die bisherige Interpretation, die ohne Heranziehung religionsgeschichtlicher Sachparallelen vorgenommen wurde, nicht zusprach. Die bisherigen Urteile über die „Klagen des Bauern"[3]) hoben entweder die formale Gestaltung des Textes hervor oder sie erfaßten den Inhalt als Erörterung sozialer und rechtlicher Themen. Chabas, der Entdecker des Textes, bezeichnete die einleitende Erzählung als „un fait de violence et de spoliation" und sah in den Reden ein „thème de doléances" entwickelt[4]); der Gedanke, daß die Reden inhaltlich als „Klagen" anzusprechen seien, steht also bereits am Anfang ihrer Kenntnisnahme. Griffith, der im gleichen Sinne den Inhalt der Reden als „appeals" bezeichnete,

---

[1]) Adolf Erman und Fritz Krebs, Aus den Papyrus der Königlichen Museen, Berlin 1899, S. 46ff.; F. Vogelsang und Alan H. Gardiner, Die Klagen des Bauern, 24 Lichtdrucktafeln, Umschreibung und Übersetzung (Literarische Texte des Mittleren Reiches I), Leipzig 1908; Friedrich Vogelsang, Kommentar zu den Klagen des Bauern (Untersuchungen zur Geschichte und Altertumskunde Ägyptens VI), Leipzig 1913; Alan H. Gardiner, The Eloquent Peasant, in: JEA 9 (1923), S. 5ff.; Adolf Erman, Die Literatur der Ägypter, S. 157ff.; Günther Roeder, Altägyptische Erzählungen und Märchen, Jena 1925, S. 41ff.; Émile Suys S. J., Étude sur le conte du fellah plaideur (Analecta Orientalia V), Rom 1933; Gustave Lefebvre, Romans et contes égyptiens de l'époque pharaonique, Paris 1949, S. 41ff.; Fr. W. Frhr. von Bissing, Altägyptische Lebensweisheit, Zürich 1955, S. 155ff.; Wilson bei: Pritchard, Ancient Near Eastern Texts relating to the Old Testament, 2. Aufl., Princeton 1955, S. 407ff.

[2]) Zum Inhalt vgl. u. a. J. Spiegel in: Handbuch der Orientalistik I, 2, S. 127f.

[3]) Vgl. die Überschau bis ca. 1913 bei: Vogelsang, Kommentar, S. 20ff.

[4]) Chabas in: ÄZ 2 (1864), S. 97ff.

betonte im übrigen sehr stark einen rein literarischen Zweck des Textes, den er
als eine Sammlung rhetorischer Figuren ansah[5]). Erman erkannte an, daß die
Reden ,,zur Gerechtigkeit gegen Arme ermahnen", betrachtete sie aber vor
allem als ein ,,Muster besonderer Wohlredenheit"[6]). Spiegelberg steigerte
dieses Urteil noch dadurch, daß er ernstlich erwog, ob nicht etwa im ,,Bauern"
eine Satire auf literarische Geschmacklosigkeiten seiner Zeit zu sehen sei[7]).
Maspero betonte ebenfalls das Formale und sah im ,,Bauern" ,,un exercise de
style noble"[8]). Selbst Eduard Meyer, der in seiner ,,Geschichte des Altertums"[9])
die ,,Erzählung vom Bauern" nur kurz im Rahmen der Literatur des Mittleren
Reiches erwähnt, ist von dem damals herrschenden Urteil beeinflußt, wenn er
das ,,Streben nach gekünsteltem, pointierten Ausdruck" als Charakteristikum
der literarischen Strömungen jener Zeit angibt. Im gleichen Sinne äußerte sich
Hermann Grapow[10]), der eine Bestätigung dieser Ansicht darin sah, daß im
Text ausdrücklich von der schönen Form der Reden gesprochen werde[11]);
dieses Urteil beruht auf einem ausschließlich ästhetischen Verständnis des
Wortes *nfr*, wie es heute nicht mehr aufrechterhalten werden kann[12]). Gardiner hat demgegenüber wiederum den sozialen und rechtlichen Bereich betont;
die einzelnen Reden erscheinen ihm als ,,petitions", die der ,,Bauer" als Bittsteller vorbringt[13]). Am weitesten in einem rein amtlichen Verständnis der
Texte ging Max Pieper[14]), der im ,,Bauern" eine ,,Lobpreisung des Beamten-
tums" sah, die er im Ideal mit dem durch Konfuzius und seine Anhänger ge-
schulten chinesischen Beamtentum glaubte vergleichen zu können.

Gegenüber solchen Urteilen ist man in jüngerer Zeit zunehmend dazu über-
gegangen, dem ,,Bauern" ein über die Ansammlung von schönen Reden und
juristischen Erörterungen hinausgehendes inhaltliches Gewicht zuzuschreiben.
Bereits Breasted gab eine Analyse des ,,Bauern", die tiefgreifender als die
früheren war, wenn sie auch einseitig unter dem Korrelat ,,Social Forces and
Religion" stand[15]): "The high ideal of justice to the poor and oppressed set
forth in this tale is but a breath of that wholesome atmosphere which per-
vades the social thinking of the official class"[16]).

---

[5]) Griffith in: PSBA 14 (1891—1892), S. 471 f.

[6]) Erman (und Krebs), a.a.O., S. 46.

[7]) Die Novelle im alten Ägypten, 1898, S. 17 ff.

[8]) G. Maspero, Les contes populares de l'Égypte ancienne, 3. Aufl., Paris
o. J., S. 53.

[9]) Geschichte des Altertums I, 2, 2. Aufl., Stuttgart und Berlin 1909, S. 270 f.

[10]) H. Grapow in: GGA, 175 Jg. (1913), S. 735—751.

[11]) a.a.O., S. 749; ähnlich: Franz Lexa, Beiträge zu der Übersetzung und Erklärung der Geschichte des beredten Bauern, in: Recueil de travaux 34 (1912),
bes. S. 218; allerdings räumt Lexa, S. 231, ein, daß der Inhalt des Textes ,,morali-
sierend" sei.

[12]) H. Stock, *Nṯr nfr* = der gute Gott?, Hildesheim 1951.

[13]) Gardiner: JEA 9, S. 5—25; vgl. The Admonitions, S. 17.

[14]) M. Pieper, Zum Staate des Mittleren Reiches in Ägypten, in: Mélanges
Maspéro I, Le Caire 1934, S. 182.

[15]) James Henry Breasted, Development of Religion and Thought in Ancient
Egypt, London 1912, S. 226.

[16]) In ähnlicher Weise hat sich John A. Wilson, The Burden of Egypt, S. 123,
über den ,,Bauern" geäußert; der Begriff der Maat, dem er mit vollem Recht er-

Aber auch ohne spezielle Betonung des sozialen Moments ist in neuerer Zeit mehrfach für ein inhaltliches Ernstnehmen des „Bauern" plädiert worden. Bereits Friedrich Vogelsang hatte mit Recht gegenüber rein formalen und ästhetischen Gesichtspunkten die Ansicht vertreten, „daß dem Buche ein planmäßiger Aufbau der Gedanken zugrunde liegt"[17]). Hermann Junker stellte fest[18]): „. . . die moralische Tendenz ist unverkennbar." Und Eberhard Otto schrieb[19]): „Aber diese deutliche Freude an der Form darf nicht über den Ernst des Inhalts täuschen." Und er hebt hervor, daß ein Werk wie die „Klagen des Bauern" „erwächst aus dem Nachdenken über den erlebten Zusammenbruch und seine Voraussetzungen"[20]). Zugleich weist er zum erstenmal auf eigentlich religiöse Momente hin, auf die Verwirklichung der göttlichen Weltordnung nämlich, die im Text als Forderung erhoben wird, und auf das gebotene Verantwortungsbewußtsein vor einer göttlichen Instanz. In neueren Arbeiten über den Text hat auch Siegfried Hermann auf seine im allgemeinen noch nicht genügend gewürdigte Bedeutung hingewiesen[21]); er selbst will aber, wie bereits vor ihm Max Pieper, den Text „vom ägyptischen Beamtentum und seinen Idealen her verstanden" wissen[22]).

Im allgemeinen zeigt dieser Überblick eine in neuerer Zeit zunehmende Hinwendung zum inhaltlichen Gewicht des „Bauern"[23]). Mit Hilfe religionsgeschichtlicher Sachparallelen soll im folgenden erwiesen werden, daß der Text Zeugnis für die Existenz einer prophetischen Bewegung in der Aufstiegszeit des Mittleren Reiches ist; es wäre nicht möglich, die außerägyptischen Vergleichstexte, deren Beweiskraft durch Heranziehung von Kommentationen belegt und erhärtet werden kann[24]), anzuführen, handelte es sich nicht im „Bauern" tatsächlich um religiöse Intentionen. Eine religionsgeschichtliche Interpretation muß das Literaturwerk zunächst so nehmen, wie es uns vorliegt;

---

hebliche Bedeutung für die Reden des „Bauern" zuschreibt, steht dabei stark unter soziologischem Gesichtspunkt: "Maꜥat here was the positive force of social justice, of man's humanity to man."

[17]) a.a.O., S. 22.   [18]) Geschichte Ägyptens, S. 85.

[19]) Ägypten, S. 100.   [20]) a.a.O., S. 101.

[21]) Siegfried Hermann, Untersuchungen zur Überlieferungsgestalt mittelägyptischer Literaturwerke, Berlin 1957, S. 79.

[22]) S. Hermann, Zum Verständnis der „Klagen des Bauern" als Rechtsforderungen, in: ÄZ 82 (1957), S. 55 f.; vgl. auch: S. Hermann, Bemerkungen zu Sprüchen aus den „Klagen des Bauern", in: ÄZ 80 (1955), S. 34—39.

[23]) G. Posener, Littérature et politique dans l'Égypte de la XIIe dynastie, Paris 1956, bespricht den Text, dessen Entstehung vor der von ihm behandelten Epoche liegt, selbst nicht. Aber seine Untersuchung ist für die vorliegenden Zusammenhänge deshalb wichtig, weil sie einen wesentlichen Schritt darstellt auf dem Wege zu einer Interpretation, die dem inhaltlichen Gewicht der überlieferten Texte gerecht wird.

[24]) Daß hierbei Hermann Cohen (1842—1918) öfters zitiert wird, hat seine Berechtigung darin, daß der Mitbegründer des Marburger Neukantianismus seit 1912, als er Präsident der „Akademie für die Philosophie und Wissenschaft des Judentums" in Berlin geworden war, sich ganz der jüdischen Theologie zuwandte und in den Arbeiten dieser Zeit, in denen er nicht mehr auf deduktivem Wege zum Konkreten zu gelangen suchte (vgl. Wach, Religionswissenschaft, S. 179 Anm. 1), viel Verständnis für den israelitischen Prophetismus zeigte.

denn für den Erweis seiner prophetischen Intentionen ist die literarhistorische Frage, ob es sich um ein geschlossenes Werk oder das redaktionelle Ergebnis eines literarischen Wachstumsprozesses handelt, insofern sekundär, als der Hintergrund eines breiteren Traditionsstromes, falls ein solcher belegbar sein sollte[25]), eben auch prophetische Intentionen aufweisen würde. Deutlich ist allerdings im uns vorliegenden Text ein auch für die religionsgeschichtliche Interpretation wichtiger Zusammenhang zwischen der Rahmenerzählung und den Reden.

b) Die Herkunft aus den Grenzgebieten des Kulturlandes

Für den Propheten ist charakteristisch die Herkunft aus den Grenzgebieten des Kulturlandes im Übergang zur Wüste oder die zeitweise Hinwendung nach dort. Rudolf Kittel schreibt in seinen „Gestalten und Gedanken in Israel"[1]): „Die grandiose Natur war die vor andern geeignete Offenbarungsstätte des wahren Gottes." Nikolai Berdjajew hat gelegentlich über die in ihrer seelischen Wirkung verwandte Landschaft der Steppe Ähnliches gesagt[2]). Sabatino Moscati hat Züge des israelitischen Prophetentums auf das Leben in der Wüste zurückgeführt[3]): „Priester- und Prophetentum treten teilweise als Reaktionserscheinungen gegen den monarchischen Absolutismus auf und verbinden sich in diesem Sinne mit dem ältesten Erbe des beduinischen Selbständigkeitsstrebens."

Es kann und muß sich bei diesen Äußerungen vorläufig um rein empirische Beobachtungen handeln; denn eine auf diesen fußende systematische Untersuchung der Affinität bestimmter religiöser Erscheinungen zu bestimmten Landschaftsformen, die sowohl generell wie im Hinblick auf die vorliegende Untersuchung von größter Wichtigkeit ist, steht noch aus. In der Religionsgeographie[4]) sind die Fragen des Stiftungsortes, der Verbreitung und Ausdehnung der einzelnen Religionen bislang am ausführlichsten erforscht[5]). Außerdem ist das Thema der Religion als landschaftsgestaltendem Faktor in Angriff genommen worden[6]). Aber die Erschließung der Zusammenhänge zwischen Landschaft und Religion, nicht im Sinne einer geopolitischen Be-

---

[25]) Vgl. hierzu die von S. Hermann in den Anmerkungen 21 und 22 genannten Arbeiten.

[1]) Leipzig 1926, S. 42.

[2]) Die Weltanschauung Dostojewskijs, München 1925, S. 141.

[3]) Sabatino Moscati, Geschichte und Kultur der semitischen Völker (Urban-Bücher, Bd. 3), Stuttgart 1953, S. 40.

[4]) Vgl. Franz König, Religionswissenschaftliches Wörterbuch, Freiburg i. Br. 1956, S. 722: Art. Religionsgeographie (W. Schneefuß).

[5]) Vgl. Heinrich Frick, Deutschland innerhalb der religiösen Weltlage, Berlin 1936; Arnold Toynbee, Christianity among the Religions of the World, London 1958, S. 32ff.

[6]) Pierre Deffontaines, Wert und Grenzen der religiösen Erklärung in der Geographie des Menschen, in: Diogenes 1 (1953—1954), S. 199—213; P. Fickeler, Grundfragen der Religionsgeographie, in: Erdkunde. Archiv für wissenschaftliche Geographie 1 (1947), S. 121—144.

dingtheit des Religiösen, sondern als Affinität beider Größen und vielleicht im Hinblick auf eine mitgestaltende Kraft der Landschaft, ist noch nicht eingehend bearbeitet[7]), sondern nur als Forschungsaufgabe angeregt worden[8]). Die bislang besten Aussagen hierüber verdanken wir vielleicht der intuitiven Schau solcher Zusammenhänge. Denn es ist sicher nicht zufällig, daß Ibsen die prophetische Gestalt seines „Brand" in die „Eiswüste" fliehen läßt. Vor allem aber muß Nietzsche genannt werden, der einmal die innerliche Verwandtschaft des prophetischen Menschen zur Wüste prägnant formulierte[9]): „Jede Religion hat für ihre höchsten Bilder ein Analogon in einem Seelenzustande. Der Gott Mahomets: die Einsamkeit der Wüste, fernes Gebrüll des Löwen, Vision eines schrecklichen Kämpfers."

Besonders für die vorexilischen Propheten Israels besteht eine enge Verbindung zur Wüste und zum Jahwismus der Wüstenzeit[10]), dessen Prophet Mose war. Mose weidete die Schafe des Midjaniters Jethro, und „als er einst die Schafe bis hinter die Wüste trieb, gelangte er an den Gottesberg, an den Horeb. Da erschien ihm der Engel Jahwes . . ."[11]). Und an anderer Stelle[12]): „Da redete der Herr mit Mose in der Wüste." In engster Verbindung zur Wüste steht Elia[13]), der immer wieder die Wildnis aufsucht. Besonders bezeichnend ist die Schilderung[14]), wie er, da sich ihm die Gottheit nur in der Einsamkeit offenbart, seinen Diener an der Grenze des judäischen Kulturlandes, in Beerseba, zurückläßt und sich selbst eine Tagereise weit in die Wüste

---

[7]) Das Buch von Ewald Banse, Landschaft und Seele, München und Berlin 1928, widmet sich vornehmlich den germanischen Räumen Europas und berücksichtigt das Religiöse überhaupt wenig. Der Aufsatz von Ludwig Klages, Mensch und Erde (1913), jetzt in: Mensch und Erde, Stuttgart 1956, S. 1—25, hat den von der Seele erlebten Wirklichkeitszusammenhang der Natur zum Gegenstand. Willy Hellpach, Geopsyche. Die Menschenseele unter dem Einfluß von Wetter und Klima, Boden und Landschaft, 6. Aufl., Stuttgart 1950, vermerkt (S. 196), daß religiöse Konzeptionen von landschaftlichen Erlebnissen gefärbt werden können, geht aber nicht in Details.

[8]) Vgl. Heinrich Frick, Die aktuelle Aufgabe der Religionsphänomenologie, in: ThLZ 75 (1950), Sp. 644; vgl. ferner: J. Wach, Religionswissenschaft, S. 93: „Wie vielverheißend waren die ersten Ansätze Herders, der es versuchte, Montesquieus geniale Gedanken auf die von ihm recht eigentlich begründete Religionswissenschaft zu übertragen: den Einfluß des Klimas, der Landschaft auf die Religionen, ihre Entstehung und ihr Werden zu verfolgen . . . Sind die großartigen Arbeiten Karl Ritters, Ratzels und seiner Nachfolger für die Religionsgeschichte fruchtbar gemacht worden?" — Ähnlich hat sich Walther Wolf, Die Kunst Ägyptens, S. 24 geäußert: „Von dem römischen Reisenden Strabo führt eine lange Kette von Denkern über Bacon, Montesquieu und Taine zu Spengler — um nur diese zu nennen —, die alle die Meinung teilen, daß der Landschaft eine mitgestaltende Kraft innewohnt, daß sie die Seele ihrer Bewohner formen hilft."

[9]) Unzeitgemäße Betrachtungen, 578 (zitiert nach Kröners Taschenausgabe, Bd. 71).

[10]) Vgl. Samuel Nyström, Beduinentum und Jahwismus, Lund 1946, S. 123.

[11]) Ex 3,1—2.   [12]) Num 1,1.

[13]) Johannes Lindblom, Profetismen i Israel, Stockholm 1934, S. 167; A. Causse, Du groupe ethnique à la communauté religieuse. Le problème sociologique de la religion d'Israël, Paris 1937, S. 70f.

[14]) 1. Kön 19,4.

begibt. Bei Deuterojesaja steht das Wort[15]: „Es ist die Stimme eines Predigers in der Wüste." Und charakteristisch ist, daß Ezechiel das Bild der Wüste wählt, als er sagt[16]: „O Israel, deine Propheten sind wie die Füchse in der Wüste." Für die vorexilischen Propheten ist die Wüstenzeit die Idealzeit[17]), die „Normalzeit", wie Sellin formulierte[18], und unter ihnen hat Hosea ein besonders enges Verhältnis zur Wüste[19].

„Johannes war in der Wüste, taufte und predigte"[20]. Nach der Jesustaufe heißt es[21]: „Und alsbald treibt ihn der Geist in die Wüste"[22]. Der griechische Text macht durch die syntaktische Stellung des εὐθύς („sofort, sogleich, alsbald") die Nötigung zum Aufenthalt in der Wüste noch deutlicher: καὶ εὐθὺς τὸ πνεῦμα αὐτὸν ἐκβάλλει εἰς τὴν ἔρημον. Und der Seher der Johannes-Apokalypse sagt[23]: „Er brachte mich im Geist in die Wüste."

Für die Prophetie von Mari ist ebenfalls die Nachbarschaft zur Wüste gegeben. Von Mohammed berichtet sein Biograph Ibn Ishak, daß er sich einmal in jedem Jahre in die Einsamkeit des Berges Hira' zurückzuziehen pflegte[24]: „Mohammed brachte einen Monat auf Hira' zu und speiste die Armen, die zu ihm kamen ... Als nun das Jahr seiner Sendung kam, ging er wie gewöhnlich mit seiner Familie im Monat Ramadhan nach Hira'." Für Zarathushtra können wir, obwohl umstritten ist, wo wir airyana vaējah, das „arische Land", in dem er nach einheimischer Überlieferung gelebt haben soll, zu suchen haben, zumindest mit der Möglichkeit rechnen, daß seine Hauptwirksamkeit im unwirtlichen afghanischen Bergland lag; die geographischen und wirtschaftlichen Bedingungen, die in den Gāthās vorausgesetzt werden, wie auch die Sprache Zarathushtras mögen dorthin weisen[25].

Für den Propheten und generell den schöpferischen Menschen hat Arnold Toynbee die charakteristische zeitweilige Hinwendung zur einsamen Landschaft als innere Nötigung mit dem Schema von Einkehr und Rückkehr erfaßt[26]: „Im Hinblick auf die Gesellschaft und das Verhältnis zwischen ihm und ihr

---

[15]) Jes 40,3; das Wort ist von den Evangelisten (Mt 3,3; Mk 1,3; Lk 3,4; Joh 1,23) durchweg mit φωνὴ βοῶντος ἐν τῇ ἐρήμῳ wiedergegeben worden; vgl. jetzt auch John M. Allegro, Die Botschaft vom Toten Meer, Frankfurt a. M. u. Hamburg 1957, S. 142.

[16]) Ez 13,4.   [17]) Vgl. u. a. Am 2,10; 5,25; vgl. auch: Jer 2,1ff.

[18]) E. Sellin, Das Zwölfprophetenbuch, Bd. I, 2. u. 3. Aufl., Leipzig 1929 (Kommentar zum AT, Bd. 12), S. 236.

[19]) P. Humbert, Osée, le prophète bedouin, in: Revue d'histoire et de philosophie religieuse 1 (1921), S. 162: "Retour aux conditions de la vie de l'époque mosaïque, tel est ... le programme d'avenir d'Osée."

[20]) Mk 1,4.   [21]) Mk 1,12; vgl. Mt 4,1; Lk 4,1.

[22]) Auf die Ähnlichkeit mit alttestamentlichen Berufungsgeschichten hat hingewiesen: Erich Fascher, Deus invisibilis. Eine Studie zur biblischen Gottesvorstellung, in: Rudolf-Otto-Festgruß, Gotha 1931, S. 66.

[23]) Apk 17,3.

[24]) Gustav Weill, Das Leben Mohammeds nach Mohammed Ibn Ishak, Stuttgart 1864, S. 114.

[25]) A. V. W. Jackson, Zoroaster, the Prophet of Ancient Iran, New York 1899, S. 205—225; N. Söderblom, Der lebendige Gott, S. 220f.

[26]) Arnold Toynbee, Studie zur Weltgeschichte. Wachstum und Zerfall der Zivilisationen, Hamburg 1949, S. 229f.

können wir die Handlung und Haltung des schöpferischen Menschen mit den Worten Einkehr und Rückkehr beschreiben. Die Einkehr ermöglicht es der Persönlichkeit, ihre eigenen Kräfte in sich selbst zu ermessen; sie hätten vielleicht weiter geschlummert, wären sie nicht auf einige Zeit durch Spannungen innerhalb der Gesellschaft befreit worden. Eine derartige Einkehr ist manchmal ein freiwilliger Schritt, manchmal aber auch durch Umstände erzwungen, die außerhalb des Einflußvermögens des schöpferischen Menschen liegen. Jedenfalls bedeutet sie eine Gelegenheit, oftmals die notwendige Voraussetzung für die Verwandlung dieses Menschen . . . Aber ein Wandeln in der Einsamkeit kann keinem Zweck dienen, vielleicht gar keinen Sinn haben, wenn es nicht als Vorbereitung auf die Rückkehr der ,gewandelten' Persönlichkeit in die Gesellschaft gedacht ist, aus der sie hervorgegangen ist . . . Die Rückkehr macht das Wesen der ganzen Handlung aus und gibt ihr ihren Sinn.

Diese Wahrheit leuchtet durch die syrische Mythe des einsamen Anstiegs auf den Berg Sinai durch Moses hindurch . . . die Absicht Jahwes war, Moses wieder hinunterzusenden, damit er das neue Gesetz dem Volk mitteile, das nicht selber kommen und die Mitteilung nicht selbst entgegennehmen konnte . . . Gleich starker Nachdruck wird auf die Rückkehr in dem Bericht über das Prophetenerlebnis und den erteilten Auftrag gelegt, den uns der arabische Denker Ibn Khaldun im vierzehnten Jahrhundert der christlichen Zeitrechnung gegeben hat:

,Des Menschen Seele neigt dazu, sich ihres menschlichen Wesens zu entkleiden, damit sie sich in das Wesen der Engel versetzen kann und für wenigstens einen einzigen Augenblick lang wirklich ein Engel werden möge — einen Augenblick, der so schnell kommt und vergeht wie ein Zucken des Augenlids. Dann kehrt die Seele zu ihrer irdischen Natur zurück, sobald sie in der Welt der Engel eine Botschaft erhalten hat, die sie zu ihrer eigenen Menschenwelt mitnehmen kann.' "

Im Lichte dieser Deutungen und Berichte über die Vita der Propheten muß nun auch der Einleitungssatz des „Bauern" verstanden werden, der, als Teil der oft zu Unrecht gering geachteten Rahmenerzählung, keineswegs belanglos ist [27]:

„Es war ein Mann, Chu-n-anup mit Namen, ein $\acute{s}h\cdot tj$ vom $\acute{s}h\cdot t\cdot hm\mathfrak{z}\cdot t$." $\acute{S}h\cdot t\cdot hm\mathfrak{z}\cdot t$, das „Salzfeld", das heutige Wadi Natrūn, eine etwa 32 km lange Einsenkung der Libyschen Wüste am Nordwestrand Unterägyptens, ist eine der unwirtlichsten Gegenden des Landes [28]. Es ist durchaus eine Landschaft, wie sie als charakteristisch für den Prophetismus herausgestellt wurde. Und bezeichnend hierfür ist auch, daß das Wadi Natrūn in christlicher Zeit Mönchsland wurde und bis heute durch seine Klöster bekannt ist. Denn wie der Prophet zeitweise, so suchte der Mönch auf Lebensdauer die Einöde auf; der urchristliche Asket war „Wüstenbewohner" (ἐϱημίτος) [29].

---

[27]) R 1—2.

[28]) Vgl. H. Kees, Das alte Ägypten. Eine kleine Landeskunde, Berlin 1955, S. 72; Karl Baedeker, Ägypten und der Sudan, 8. Aufl., Leipzig 1928, S. 31.

[29]) Karl Heussi, Abriß der Kirchengeschichte, Weimar 1956, S. 43: „Es entstand das altchristliche Mönchtum, zuerst in Ägypten. Der einzelne Asket löste sich aus dem menschlichen Siedlungsverbande und ging hinaus in die Einsamkeit und lebte hier . . . als Eremit (ἐϱημίτος, Wüstenbewohner)"; ausführlicher bei: Karl Heussi, Der Ursprung des Mönchtums, Tübingen 1936.

Die Bezeichnung *šḥ·tj* als Nisbe zu *šḥ·t* kennzeichnet den „Bauern" mithin als Angehörigen des Feldes, des Landes im Unterschied zur Stadt[30]); diese Bedeutung von *šḥ·t* hat noch das koptisch ⲥⲱϣⲉ bewahrt[31]); und die spezielle Charakterisierung seiner Heimat durch *šḥ·t-ḥm3·t* verweist eindeutig auf die Grenzgebiete des Kulturlandes. Weder die Wiedergabe von *šḥ·tj* durch „Bauer", wie sie seit der ersten deutschen Bearbeitung[32]) üblich ist, noch Masperos Übersetzung mit „saunier" bezeichnen die entscheidende Nuance[33]). Problematisch sind daher auch Überlegungen darüber, wieso gerade ein „Bauer" die „Gabe der schönen Rede" (Erman) haben konnte.

Zum religionsgeschichtlichen Verständnis wird man dem Einleitungssatz des „Bauern" die analogen Worte aus der Überschrift des Buches Amos gegenüberstellen:

„Die Worte des Amos, der zu den Schafhirten gehörte, aus Thekoa, die er erfuhr, über Israel . . .“

Vor Amazja, dem Oberpriester von Bethel, bekräftigt und ergänzt eine Aussage des Amos diese Angaben[34]): „. . . ein Schafhirt (נֹקֵד; vgl. arab. *nakkad*) bin ich und Ritzer von Sykomoren-Feigen. Und Jahwe nahm mich hinter der Herde weg, und Jahwe sprach zu mir: Auf! prophezeie gegen mein Volk Israel!"[35]). Amos ist also ebenfalls ein Mann aus den Grenzgebieten des Kulturlandes, der dort vor seiner Berufung zum Propheten ein Wanderleben geführt hat: der Beruf des halbbeduinischen Hirten spricht ebenso dafür wie die Tatsache, daß in Thekoa selbst, einem Dorf südöstlich von Bethlehem, das schon in dem sich zum Toten Meer hinziehenden Steppengebiet liegt, die Sykomore nicht wächst[36]). Amos ist also „ein Mann vom Lande, der verhältnismäßig unkultivierten Steppe . . . Trotzdem erweckt seine Redeweise in dem Leser die Überzeugung, daß er es mit einer großen und durch und durch aufrichtigen Persönlichkeit zu tun hat . . ."[37]).

Die auffälligen und unbestreitbaren Parallelen, die Amos zum „Bauern" bietet, bereichern die Aussagen des ägyptischen Textes erheblich; sie erhellen

---

[30]) Hermann Junker, Zu einigen Reden und Rufen auf Grabbildern des Alten Reiches: Sitz. Ber. Wien. Akad., phil.-hist. Kl., Bd. 221, 5. Abh., S. 46f., faßt das Wort für einen Text des AR in der speziellen Bedeutung von „Sumpfbewohner".

[31]) Eine gute Wiedergabe würde das holländische *veld* (in seinem südafrikanischen Gebrauch) sein.

[32]) Erman-Krebs, a.a.O.

[33]) Von Émile Suys, a.a.O., ist „fellah plaideur" vorgeschlagen worden.

[34]) Am 7, 14f.

[35]) Hierzu kann noch aus dem griechischen Bereich verglichen werden: „Mit den Musen vom Helikon beginne ich meinen Sang, die auf dem heiligen Berge Helikon hausen und mit den zarten Füßen um die dunkle Quelle und den Altar des Zeus tanzen. Von dort zogen sie aus im Dunkel der Nacht und ließen ihre schöne Stimme erschallen; sie lehrten Hesiod, der am Berg des heiligen Helikon die Schafe weidete, ihren Gesang". (Übers. nach Ed. Schwartz, Charakterköpfe I, 3. Aufl., S. 5).

[36]) Johannes Meinhold, Einführung in das Alte Testament, Gießen 1932, S. 158.

[37]) Theodore H. Robinson und Friedrich Horst, Die Zwölf Kleinen Propheten (Handbuch zum AT I, 14), Tübingen 1936, S. 71.

diese religionsgeschichtlich und lassen dem ägyptischen Bericht einen Sinn abgewinnen, der mehr bedeutet als profanhistorische Spekulationen über Beruf und soziale Stellung der genannten Persönlichkeit. Die allein wichtige, religiös entscheidende Aussage ist die über jene Herkunft aus der Wüste als einer den Menschen zur Divination führenden Landschaft und zur unerbittlichen Entscheidung im Sinne eines ethischen Entweder-Oder.

c) Der unmittelbare Anlaß zur prophetischen Rede

Aus der Rahmenerzählung des „Bauern" ist ferner wichtig der unmittelbare Anlaß zur prophetischen Rede. Er besteht in Ungerechtigkeiten und der Beraubung, die dem „Bauern" von seiten des Gutsbeamten *Dhwtj-nht* widerfährt, und in den Schlägen, die er von diesem bekommt[1]. Die Geschichte des Prophetismus kennt entsprechende Beispiele dafür, daß erlittene Ungerechtigkeiten persönlicher Art auslösendes Motiv für ein Prophetenwort werden. Als Amazja den Propheten Amos aus dem Heiligtum von Bethel verweist[2], leitet Amos mit den bezeichnenden Worten: „Und nun, höre das Wort Jahwes!"[3] eine prophetische Drohung ein. Die Sendung des Hosea ist entscheidend von dem Unglück seiner Ehe mit der Gomer bat-Diblaim geprägt[4]; es ist allgemein anerkannt, „daß die Eheerfahrung seinem Leben und Denken die entscheidende Richtung gegeben hat"[5]. Ein widerfahrenes Unrecht, auf das Zarathushtra in Yasna 51,12 anspielt, regt ihn unmittelbar zu einem Gerichtswort gegen die „Falschgläubigen" an[6]. Die Vita Mohammeds kennt das geschichtsmächtigste Beispiel für diese prophetische Situation und ihre Folgen. Der Konflikt mit den Kuraischiten, der Druck, dem dadurch die Gläubigen ausgesetzt waren, die Erfolglosigkeit der Botschaft Mohammeds angesichts des von ihm als Unrecht empfundenen Unglaubens der Mekkaner veranlaßten den Propheten zur Emigration nach Medina, zur Hidschra des Jahres 622[7], die einen entscheidenden Abschnitt in der religiösen Umformung des Islam bedeutete, weil Mohammed in Medina die prophetische Sendung mit den Aufgaben eines theokratischen Herrschers verbinden mußte[8].

Die geist-kämpferische Haltung, die sich in der prophetischen Reaktion auf individuelle oder kollektive Verfehlungen äußert, findet im Alten Testament auch in der mit: „Hei, ich will an dich!"[9] eingeleiteten „Herausforderungs-

---

[1] R 44—51, B l, 1—24.

[2] Am 7,12.   [3] Am 7,16.

[4] Hans Schmidt, Die Ehe des Hosea, in: ZAW 42 (1924), S. 245ff.; vgl. auch: A. Douglas Tushingham, A Reconsideration of Hosea, Chapters 1—3, in: JNES 12 (1953), S. 150ff.

[5] Robinson-Horst, a.a.O., S. 2.   [6] Yasna 51,13.

[7] Vgl. Rudi Paret, Mohammed und der Koran (Urban-Bücher, Bd. 32), Stuttgart 1957, S. 101; Richard Hartmann, Die Religion des Islam, Berlin 1944, S. 15ff.; Tor Andrae, Mohammed, S. 108.

[8] Vgl. u. a. Ignaz Goldziher, Vorlesungen über den Islam, 2. Aufl. von Franz Babinger, Heidelberg 1925, S. 9.

[9] Jer 21,13; 51,25; Nah 2,14; 3,5.

formel"[10]) ihren Ausdruck. Der Gedanke an einen Gegner ist darin ebenso lebendig wie in den Gerichtsreden, deren Sitz im Leben das Prozeßverfahren ist[11]). Ein gutes Beispiel eines solchen fiktiven Rechtsstreites bietet ein Wort des Propheten Micha[12]):

> „Höret, ihr Berge, Jahwes Rechtsstreit,
> und merkt auf, ihr Grundfesten der Erde!
> Denn einen Rechtsstreit hat Jahwe mit seinem Volk,
> und mit Israel geht er ins Gericht."

Äußern sich in fiktiven Vorstellungen von Prozessen das Geist-Kämpfertum des Prophetismus, seine Dynamik und seine stets wache Auseinandersetzung mit dem Unrecht, so ist auch für tatsächliche Streitfälle im Leben der Propheten bezeichnend, daß diese persönlichen Anlässe über das Individuelle erhoben werden und zu generell gültigen, religiös verpflichtenden Aussagen anregen. Das ist aber genau die Situation, die wir im „Bauern" vorfinden.

d) Die Predigt am Tempel

Ferner findet sich in der Rahmenerzählung des „Bauern" ein Bericht, der einen typischen Zug prophetischen Auftretens wiedergibt. Er schildert zu Anfang der vierten Rede in einer von den stereotypen Einleitungen der übrigen Reden abweichenden und allein deshalb besondere Beachtung verdienenden Weise die Predigt am Tempel[1]):

> „Dieser Bauer kam, um zum vierten Male anzurufen[2]), und er traf ihn (den Obergütervorsteher), wie er aus dem Tor des Tempels des Harsaphes[3]) herausging, und sprach . . ."

Daß auch mit dieser knappen Angabe ein für prophetisches Auftreten charakteristischer Zug berichtet wird, beweist das reichere alttestamentliche Vergleichsmaterial. Bei Jeremia wird berichtet[4]): „Im Anfang des Königreiches Jojakims, des Sohnes Josias, des Königs von Juda, geschah dies Wort vom Herrn und er sprach: — So spricht der Herr: Tritt in den Vorhof am Hause des Herrn und predige allen Städten Judas, die da hineingehen anzubeten im

---

[10]) Vgl. Humbert in: ZAW 51 (1933), S. 101—108.

[11]) Vgl. Kuhl, a.a.O., S. 29.   [12]) Mi 6,2.

[1]) B 1,194—196.

[2]) „Anrufen" gibt im vorliegenden Zusammenhang die gemeinte Bedeutung von *špr* besser wieder als „anflehen" oder „bitten"; auch die Determination verweist nur auf eine Tätigkeit des Mundes, hier also die des Sprechens. Offenbar liegt zugrunde die Vorstellung: durch Reden an etwas gelangen (vgl. ⌢ ⌐ „gelangen").

[3]) Ἀρσαφής, griech. Wiedergabe von *Ḥrj-š-f*, „der auf seinem See"; vgl. Lepsius in: ÄZ 15 (1877), S. 19.

[4]) Jer 26,1—2.

Hause des Herrn, alle Worte, die ich dir befohlen habe zu sagen, und tue nichts davon."

Am dramatischsten ist die Szene, die sich in Bethel zwischen dem Oberpriester Amazja und dem Propheten Amos abspielt[5]): „Und Amazja, der Priester von Bethel, sandte zu Jerobeam, dem König Israels, und ließ ihm sagen: Verschworen hat sich gegen dich Amos inmitten des Hauses Israel; nicht kann das Land alle seine Worte ertragen. Denn so hat Amos gesprochen: Durch das Schwert soll sterben Jerobeam, und Israel muß gewißlich in die Verbannung aus seinem Lande ... Und Amazja sprach zu Amos: Seher, geh, flüchte ins Land Juda und iß dort Brot und weissage dort. Aber in Bethel sollst du nicht weiter weissagen; denn das ist ein Heiligtum des Königs und ein königliches Gebäude." Martin Buber hat die Dramatik dieses prophetischen Auftritts unterstrichen[6]): "And so the image rises before us: in the midst of a tumult this stranger (a sheepbreeder from the extreme border of the Judean wilderness) draws near and reproaches the delegates one by one with the sins which their peoples had committed against one another, and declares to them the divine punishment laid up for them." — Auch für die neutestamentliche Zeit ist, wie die Erzählungen vom Lehren Jesu im Tempel zeigen[7]), diese Form der Verkündigung mehrfach bezeugt.

Primär sind diese Berichte Zeugnisse für das typisch prophetische Auftreten in der Öffentlichkeit; ihnen sind daher Angaben über die Predigt auf den Straßen[8]) oder am Stadttor[9]) zur Seite zu stellen. In ihnen äußert sich nicht allein das besonders angesichts der zentralen Stellung, die der Tempel im öffentlichen Leben des Alten Orients einnimmt, ganz deutliche Bemühen, weite Kreise der Öffentlichkeit zu erreichen, sondern diese Form des Auftretens ist zugleich Ausdruck einer religiösen Intention, die den Platz der Religion im Leben des Volkes demonstrieren will[10]): „Das Entscheidende ist, daß das prophetische Wort nicht bloß den Gottesdienst des Tempels oder die Frömmigkeit des einzelnen erfaßt, sondern das gesamte öffentliche Leben durchdringt. Nirgends und niemals in der Menschheitsgeschichte ist es so zwingend ausgesprochen wie durch den Mund der Propheten des Alten Testamentes, daß die Religion die öffentlichste Macht ist, Kraft und Gewissen, Salz und Licht des gesamten Volkslebens. Weil Gott alles in allem ist, weil er der Allherrscher ist, will sein Wort die öffentlichste Kundgebung sein."

Der Ort ihrer Wirksamkeit kennzeichnet die Propheten zugleich als Redner[11]); die Notwendigkeit des rednerischen Auftretens der Propheten wird bestätigt durch Angaben über Zweifel an der Möglichkeit der rechten Erfüllung ihres Berufs: Mose sagt[12]): „Herr, ich bin kein Redner"; Jeremia will nicht Prophet werden, weil er nicht reden kann[13]); Zarathushtra ringt um die Gabe der rechten

---

[5]) Am 7, 10ff.

[6]) Martin Buber, The Prophetic Faith, New York 1949, S. 96.

[7]) Mk 11, 15; Joh 7, 14.

[8]) Jer 11, 6. [9]) Jer 17, 19.

[10]) Paul Volz, Prophetengestalten des Alten Testaments. Sendung und Botschaft der alttestamentlichen Gotteszeugen, Stuttgart 1938, S. 15.

[11]) Kuhl, a.a.O., S. 31.

[12]) Ex 4, 10. [13]) Jer 1, 6.

Rede[14]). Auch die Worte des „Bauern" sind nicht Literatur, sondern Rhetorik[15]).

Die Verkündigung durch das Wort ist Ausdruck der prophetischen Überzeugung, daß Gott sich den Menschen durch das Wort offenbart[16]). Bei Jeremia wendet sich Jahwe gegen die Opferfrömmigkeit[17]), um unmittelbar anschließend das Gebot[18]): „Höret auf meine Stimme", zu verkünden. Damit ist die Frage nach einer etwaigen antikultischen Tendenz des Prophetismus aufgeworfen.

e) Das Verhältnis zum Kult

Bei der engen Verbindung innerer und äußerer Geschehnisse im Leben der Propheten ist eine scharfe Scheidung bei der Disposition ihrer Beschreibung nicht angebracht und auch kaum möglich. So schließt sich an die Feststellung des Tempelvorplatzes als Schauplatz prophetischen Auftretens sachgemäß die Frage nach dem Verhältnis zum Kult an. Sie ist in der alttestamentlichen Wissenschaft unterschiedlich beantwortet worden. Von der älteren Anschauung, die einen denkbar scharfen Gegensatz zwischen Prophetismus und Opferkult herausstellte, legen die Worte Hermann Cohens Zeugnis ab[1]): „Man lese nur das erste Kapitel des Jesaja von 1,10—20, mit welcher Ausführlichkeit dort die Verwerfung des Opfers, allerdings zugleich mit aller Festfeier, die aber eben auf dem Opfer beruhte, geschildert wird. ‚Eure Versammlungen und Festzeiten haßt meine Seele, sie sind mir zur Mühe, ich bin müde, es zu ertragen.' Voraufgegangen waren die Verse, welche die Opfer spezialisierten: ‚Ich bin satt der Brandopfer der Widder und des Fettes der Masttiere und des Blutes der Kühe, der Lämmer und der Böcke, ich mag es nicht.' So kann man nicht die Ablehnung spezialisieren und dabei verhöhnen, wenn man nicht im Prinzip über die ganze Einrichtung hinausgewachsen ist.

Amos versteigert sich sogar zu der historischen Frage: ‚Habt ihr Schlachtopfer und Speisopfer mir dargebracht in der Wüste vierzig Jahre?' (4,4). Er will also die Opfer als eine nicht-mosaische Feier verdächtig machen. Und diesen Gedanken führt Jeremia durch: ‚Ich habe nicht geredet mit euren Vätern von Angelegenheiten des Brandopfers und des Schlachtopfers, als ich sie herausführte aus dem Lande Ägypten . . .'

Selten wohl ist in der Geschichte sittlicher, geistiger Ideen überhaupt mit einer solchen Klarheit und Deutlichkeit, mit einer solchen Schärfe und Genauigkeit ein völlig umwälzender Gedanke ausgesprochen und durchgeführt worden, wie die Propheten den vorwiegend rein sittlichen Charakter des Monotheismus in dieser rückhaltlosen Bekämpfung des Opfers zum scharfen Ausdruck

---

[14]) Yasna 29.

[15]) Von den Gesetzen der ägyptischen Rhetorik wissen wir noch relativ wenig. Der rednerische Charakter der „Klagen des Bauern" ist aber in Betracht zu ziehen, wenn versucht wird, in der uns vorliegenden Textgestalt die Redaktion verschiedener literarischer Überlieferungen festzustellen; vgl. Anm. 21 u. 22 zu Abschn. 3a.

[16]) Vgl. Volz, a.a.O., S. 19.   [17]) Jer 7,21f.

[18]) Jer 7,23.   [1]) a.a.O., S. 202.

gebracht haben. Alle Unterschiede, die sich sonst im Stil der Propheten finden,
und die man zu großen Differenzen in bezug auf das Endziel ihrer Verheißungen
über Heil und Unheil ausdeutet, sie treten alle zurück gegen diesen einheitlichen
Grundzug, den wir daher als den des Prophetismus bezeichnen dürfen."

Sicher verband sich für die wahren Frommen Israels mit dem Kult der Gedanke an den fremden, kanaanäischen Götzendienst, der der mosaischen
Religion nicht entsprach. Jedoch nicht nur national-religiöse Motive können
für diese Haltung der israelitischen Propheten angeführt werden; es ist darauf
hingewiesen worden, daß in der tieferen Schicht ihres Gotterlebens eine
theologische Begründung für eine antikultische Haltung liege; denn der Gott,
den sie verkünden, ist „ein Gott, dem nicht gedient wird mit Ritual und
magisch-sakramentalem Opferkult"[2]. Diese Haltung ist sachlich in zweifacher
Weise begründet: „. . . einmal steht hier eine direkte Gotteszusprache gegen
die Institution; die Priester sind gleichsam die geborenen Gegner der Propheten, die ihre Legitimation nicht aus Amt und Herkommen, sondern aus
steilem und direktem Eingriff Gottes herleiten. Zum andern findet sich alsbald
bei der prophetischen Einstellung zum Kult die Beobachtung, daß hier etwas
mit den Händen und Lippen geschehe, während das Leben mit seinen sozialen
und praktischen Notwendigkeiten zu kurz komme und leer ausgehe"[3].

Durch die Arbeiten Sigmund Mowinckels[4] und der sogenannten Skandina-
vischen Schule wie durch die „Myth and Ritual School"[5] ist im Gegensatz
zur früheren antithetischen Schau von Prophetismus und Opferkult eine Auf-
lockerung der Gegensätze vollzogen und dafür plädiert worden, daß die Propheten "did not advocate a religion without any corporate expression in
worship"[6]. Als ein Ergebnis dieser wissenschaftlichen Bemühungen ist fest-
gestellt worden, daß "the simple antithesis between priests and prophets has
now few defenders"[7].

Berücksichtigt man die Argumente und Belege beider Seiten, so wird man
vielleicht feststellen können, daß die prophetische Haltung nicht durch eine
unbedingte, sondern eine qualifizierte Kritik am Kult gekennzeichnet ist.
Treffend zum Ausdruck kommt diese Sicht in dem im Neuen Testament[8]
wieder aufgenommenen Wort des Jeremia[9]: „Ist denn eine Räuberhöhle in
euren Augen dieses Haus, über dem mein Name genannt ist?" Damit ist, ohne
daß der Kult als solcher direkt angegriffen wird, doch unerbittliche Kritik an
seinem zeitgenössischen Brauch geübt.

Aus dem außerisraelitischen Bereich kann auf die Haltung Zarathushtras
verwiesen werden. Mit seinem Eintreten für das Rind, die „Seele des Stiers"
(*geuš urvan*)[10], wandte sich Zarathushtra zugleich gegen dessen kultische
Tötung bei den orgiastischen Opfermahlzeiten seiner Gegner. In diesen nächt-

---

[2] Rudolf Otto, Profetische Gotteserfahrung, in: Sünde und Urschuld, S. 71.

[3] H. W. Hertzberg, Die prophetische Kritik am Kult, in: ThLZ 1950, Sp. 219.

[4] S. Mowinckel, Psalmenstudien, Bd. III: Kultprophetie und prophetische
Psalmen, 3. Aufl., Oslo 1923.

[5] Vgl. jetzt bes.: H. H. Rowley, Ritual and the Hebrew Prophets, in: Myth,
Ritual and Kingship, S. 236—260; vgl. G. Lanczkowski, in: BiOr 17 (1960), S. 19f.

[6] Rowley, a.a.O., S. 253.   [7] Rowley, a.a.O., S. 242.

[8] Mt 21,13; Mk 11,17; Lk 19,46.

[9] Jer 7,11.   [10] Yasna 29,9.

lichen Feiern spielte der Rauschtrank Haoma (indisch: *soma*) eine Rolle;
gegen ihn wendet sich Zarathushtra in Form einer Frage an seinen Gott[11]):
„Wann wirst du den Unflat (*mūthrem*) dieses Rauschtranks treffen?"

Die mekkanischen Offenbarungen Mohammeds sagen nichts über sein
Verhältnis zur Ka'ba, der zentralen Kultstätte des vorislamischen Arabien
in Mekka. Es ist anzunehmen, daß Mohammed ihr ohne innere Anteilnahme
und wahrscheinlich mit Kritik gegenüberstand. Mohammed war es beschieden,
seine Prophetie zur offiziellen Religion werden zu sehen. Das auferlegte ihm
die Aufgabe einer Stellungnahme zur Ka'ba, die ausgelöst wurde, als Mohammed enttäuscht einsah, daß in Medina das erhoffte gute Verhältnis zu den
Juden nicht zustande kam. Damals offenbarte er das *ḳibla*-Dekret[12]). Es bestimmte, daß sich die Richtung bei der *ṣalāt*, dem Pflichtgebet, nicht mehr
nach Jerusalem, sondern zur Ka'ba zu wenden habe. Diese Gebetsrichtung
(*ḳibla*) ist angeordnet im Hinblick auf die geplante Islamisierung des Heiligtums und bestätigt somit nach der positiven Seite die dem Prophetismus
eigene qualifizierte Kritik am Kult.

In der prophetischen Bewegung der Aufstiegszeit des Mittleren Reiches sind
offensichtlich vergleichbare Intentionen deutlich. Beim „Bauern" wird wohl
der Beginn der sich unmittelbar an die im Anfang der vierten Rede beschrie-
bene Tempelszene anschließenden Aussage in diesem Sinne zu verstehen sein[13]):

„Du Belohnter, es belohne dich Harsaphes, aus dessen Hause du gekommen bist.

Gestört wird das Gute (*bw nfr*) und es gibt keinen, der sich rühmen dürfte,
die Lüge (*grg*) zu Boden zu werfen."

Auffällig ist hier die Form der Zuordnung zweier unmittelbar aufeinander-
folgender Sätze, deren erster den Kult, der zweite aber das ethische Postulat
betrifft; damit ist doch wohl eine schroffe inhaltliche Gegenüberstellung be-
zweckt, in die vielleicht eine bittere Ironie hineinspielt. Den besten Vergleichs-
text hierzu bietet wiederum Amos, der nach Worten über kultische Funktionen,
Feiern, Opfer, Lieder und Psalterspiel[14]) unmittelbar anschließend den Wunsch
ausruft[15]): „Es sprudele wie Wasser das Recht (מִשְׁפָּט) und Gerechtigkeit
(צְדָקָה) wie ein dauernder Bach"[16]).

Aus der zeitgenössischen und offenbar der prophetischen Bewegung nahe-
stehenden Literatur Ägyptens ist die Verachtung des rituellen Begräbnisses
im „Lebensmüden" heranzuziehen. Vor allem aber bietet eine Episode aus
der ebenfalls der Aufstiegszeit des Mittleren Reiches angehörenden „Geschichte des Schiffbrüchigen"[17]) einen guten Beleg. Der Schiffbrüchige, der

---

[11]) Yasna 48,10.   [12]) Sure 2,139.   [13]) B 1,196—198.
[14]) Am 5,21—23.   [15]) Am 5,24.
[16]) Diese Interpretation rechnet mit der absichtlichen Zusammenstellung der
beiden inhaltlich unterschiedlichen Sätze beim „Bauern": diese entspricht prophetischer Diktion. Will man aber darin eine redaktionelle Verbindung verschiedener Gattungen sehen, so müßte man dem Redaktor die prophetische Intention zusprechen.
[17]) Adolf Erman in: ÄZ 43 (1906), S. 1ff.; Übersetzungen: Erman, Literatur,
S. 56ff.; Roeder, Altägyptische Märchen, S. 17ff.; Lefebvre, Romans et contes,

auf eine Insel im äthiopischen Bereich verschlagen ist, bietet dort einem ihm
hilfreich begegnenden Schlangengott (ḥf₃w) in herkömmlicher Weise Opfer-
gaben an[18]). Das äthiopische Numen aber verlacht diese im magischen Sinne
des *do ut des* zu verstehende kultische Frömmigkeit[19]), indem es auf die Über-
flüssigkeit des Opfers für einen Gott verweist, der das vom Menschen Ange-
botene bereits alles besitzt[20]). Positiv aber setzt der Schlangengott an die
Stelle des Opfers die Forderung einer vergeistigten Verehrung und ihrer Verkündigung in der Residenz des ägyptischen Königs[21]). Heranzuziehen ist
hierzu als Vergleich ein Wort des Jesaja[22]): „Was soll mir die Menge eurer
Opfer?"[23]). Die beste Parallele aber bietet Psalm 50; dort erscheint Gott als
der souveräne Herr jeder möglichen Opfergabe, deren er als solcher nicht bedarf, und verlangt statt dessen (Vers 5) nach den „Heiligen, die den Bund
mehr achten denn Opfer"[24]).

Obwohl der Vergleich zwischen den israelitischen und ägyptischen Texten
unbestreitbar deutlich ist, darf der unterschiedliche Ausgangspunkt nicht
außer Betracht bleiben. In Israel konnte der Prophetismus seinen Wider-
spruch gegen die zeitgenössische Kultreligion als legitimen Rückgriff auf die
Gottesverehrung der Wüstenzeit ansehen und verkünden. Auf Grund seines
geschichtlichen Erbes, das einen solchen Rückgriff ausschloß, bedeuteten
kultkritische Tendenzen für Ägypten einen stärkeren Bruch mit der Vergangenheit. Gerade deshalb ist ihre Bezeugung in der Aufstiegszeit des Mittleren
Reiches beweiskräftig für eine prophetische Bewegung, die allein einen so
entscheidenden religiösen Schritt vollziehen konnte.

f) Die politische Stellung

Mit dem Problem der prophetischen Haltung zum Kult verbindet sich die
Frage nach politischen Tendenzen. Hermann Cohen hat auf den Zusammenhang dieser beiden Fragen hingewiesen[1]): „Die Propheten bekämpfen die
Priester. Wenn aber die Priester Staatsdiener und daher auch Staatsherrscher
sind, so sind auch die Propheten Politiker, und sie können nicht anders die

---

S. 29ff.; S. Schott, Altägyptische Liebeslieder, S. 170ff.; vgl. G. Lanczkowski in:
ZDMG 103 (1953), S. 360ff. und ZDMG 105 (1955), S. 239ff.

[18]) Zeile 140ff.   [19]) Zeile 149ff.   [20]) Zeile 151ff.

[21]) Zeile 159—160.   [22]) Jes 1,11.

[23]) Weitere biblische Parallelstellen: Jer 6,20; 7,22; Hos 6,6; Mt 9,13; vgl.
auch Ps 51,17—19:

> „Herr, öffne meine Lippen,
> und laß meinen Mund deinen Ruhm verkünden.
> Denn dir gefällt nicht, daß ich Schlachtopfer bringe,
> Brandopfer liebst du nicht;
> Schlachtopfer Gottes sind ein gebrochener Geist,
> ein gebrochenes und zerschlagenes Herz wirst du,
> > Gott, nicht verschmähen."

[24]) Vgl A. Weiser, Die Psalmen, Göttingen 1935, S. 130.

[1]) Cohen, a.a.O., S. 148.

Religion entwickeln als dadurch, daß sie an den Konflikten in Staat und Gesellschaft Anteil nehmen." Eine inhaltlich gleiche Charakterisierung dieses Verhältnisses des Propheten zur Politik hat Joseph Bernhardt[2]) gegeben: „Toren oder Teufel — die dem Propheten das Amt seiner Zunge verweisen. Nichts natürlicher als die Verstrickung des religiösen Menschen in Politik, wenn Politik der Religion zu Leibe geht."

Gegenüber einer voreiligen Parallelisierung zwischen Israel und Ägypten ist es angebracht, auch hier auf die Voraussetzungen und historischen Ursprünge zu achten, die, ebenso wie beim Kult, unterschiedlich sind. Während für Ägypten die politisch herrschende Macht, das Königtum, als uranfängliche Größe in Erscheinung tritt, gilt für Israel[3]): „Das Königtum gehört bekanntlich nicht zum konstitutiven Grundbestand der israelitischen Volksordnung und hat in ihr auch späterhin keinen festen Platz zu gewinnen vermocht, obwohl es dem Volke für Jahrhunderte die staatlichen Lebensformen gab und sein Schicksal entscheidend bestimmte." Belastet war die Institution des Königtums in Israel auch in nationaler Weise dadurch, daß sie fremder Herkunft war und mit fremdreligiösen Vorstellungen verbunden blieb[4]): „Das amorritische Königtum ist die Einbruchstelle der altorientalischen Königsideologie in die Davidstraditionen. Die immer wieder beobachteten Zusammenhänge zwischen den Aussagen über das davidische Königtum einerseits und den Mythologien des kanaanäischen, babylonischen und ägyptischen Königskultes andererseits haben hier ihre Wurzel." Diese geschichtlichen Bedingungen lassen für Israel die Theokratie als die eigentlich legitime Herrschaftsform erscheinen. Bezeichnend hierfür sind die Worte Gideons, als die Israeliten, nachdem er sie aus der Gewalt der Midianiter befreit hat, ihn auffordern, über sie zu herrschen und eine Dynastie zu begründen[5]): „Ich will nicht über euch herrschen; auch mein Sohn soll nicht über euch herrschen, sondern Jahwe soll über euch herrschen." Auf dieser religiös begründeten Ablehnung des Königtums baut die prophetische Kritik auf, aus ihr resultiert eine antithetische Einstellung zu den Königen, wie sie bei Samuel, ehe er auf Drängen des Volkes Saul zum König salbt[6]), in seiner eindringlichen Warnung vor absolutistischer Willkür des Herrschers zum Ausdruck kommt[7]).

Obwohl für Ägypten das Königtum eine religiös legitime Institution darstellt, wird die offenkundig schlechte Ausübung des Amtes in der Verfallszeit am Ende des Alten Reiches suspekt, und Tendenzen der Kritik am hergebrachten Königsbild sind für die Aufstiegszeit des Mittleren Reiches nachweisbar. Im prophetischen Teil der Märchen des Papyrus Westcar[8]) wird dem König Cheops die Geburt der drei ersten Herrscher der 5. Dynastie verkündet. Die damit implizit ausgedrückte Kritik am gegenwärtigen Herrscher und seiner Dynastie erhellt eine Vergleichsstelle bei Jesaja, wo der Prophet zu dem

---

[2]) Joseph Bernhardt, Der Vatikan als Thron der Welt, Leipzig 1930, S. 217.

[3]) Albrecht Alt, Das Königtum in den Reichen Israel und Juda, in: Vetus Testamentum 1 (1951), S. 2.

[4]) Hans-Joachim Kraus, Die Königsherrschaft Gottes im Alten Testament: Beiträge zur historischen Theologie, Bd. 13, Tübingen 1951, S. 67.

[5]) Ri 8,23.   [6]) 1.Sam 10,1.

[7]) 1.Sam 8,11—18.   [8]) Erman, Literatur, S. 72ff.

König Ahas sagt[9]): „Hört ihr, vom Hause Davids, ist es euch zu wenig, Menschen zu ermüden, daß ihr auch meinen Gott ermüdet? Darum gibt euch der Herr ungebeten ein Zeichen: Sieh das junge Weib, es ist schwanger und gebiert einen Sohn. Dem gibt sie den Namen Immanuel! Sahne und Honig wird er essen, bis er weiß: Böses verwerfen und Gutes erwählen. Wahrlich, ehe der Knabe weiß, das Böse zu verwerfen und das Gute zu erwählen, soll das Land (im Norden) verödet sein, vor dessen beiden Königen dir graut!" Der Sinn dieser Stelle ist doch, vergleichbar der Herodesgeschichte des Neuen Testamentes, der, daß nach dem Ende der regierenden Dynastie eine neue, mit messianischen Zügen gezeichnete, das Heil des Landes erwirken wird. Die Parallele zu der ägyptischen Weissagung ist ohne weiteres einleuchtend. Dabei darf es über den prophetischen Charakter des ägyptischen Textes nicht hinwegtäuschen, daß er die Form eines Märchens hat und von einem „Zauberer" verkündet wird. Greßmann hat hierin einen Zug erkannt, der den Wahrheitsgehalt der prophetischen Aussagen unterstreichen soll[10]): „Einem Zauberer, der getötete Tiere wieder lebendig macht, darf man auch zutrauen, daß er über Jahrhunderte hinweg die Zukunft richtig zu durchschauen vermag."

Die Weissagung des Neferti entwirft das Bild eines Königs, unter dem das Recht wieder hergestellt und das Unrecht verjagt ist. Auch diese Aussage bedeutet natürlich einen Bruch mit den Anschauungen vom sakralen Königtum des Alten Reiches, weil an dieser Stelle der König tatsächlich Maßstäben unterworfen wird, für die er nach alter Anschauung selbst ex officio normativ wirkt. Auf den prophetischen Charakter des Textes hat jetzt auch Posener hingewiesen[11]): "Il est vraisemblable que la littérature messianique qui est intimement liée à l'art divinatoire a pris son essor dans les temps troublés de la Première Période Intermédiaire, quand l'Égypte déchirée et appauvrie avait besoin d'un sauveur et cherchait une raison d'espérer."

Eine Vermenschlichung des Königtums, die, auf dem Hintergrund der ägyptischen Traditionen, eine immanente Kritik am König enthält, findet sich, trotz des deutlichen Willens zur Aufrechterhaltung der Tradition, auch gegen Schluß der Ausführungen Ipus[12]), wo die Rede ist von „einem Manne, der alt geworden war, bevor er starb. Und doch war sein Nachkomme erst ein Kind, das noch keinen Verstand hatte." Die realistische Schilderung Ipus ist, im Hinblick auf die vorherige Unantastbarkeit der sakralen Stellung des Königs, tatsächlich eine Kritik, „der Sturz des Königshauses der 6. Dynastie wird in unverhüllten Worten unter Verzicht auf alle die sonst bei Erwähnung derartiger Dinge in Ägypten üblichen zurückhaltenden Umschreibungen aufs anschaulichste geschildert"[13]).

---

[9]) Jes 7,13—16.   [10]) H. Greßmann, Der Messias, S. 435.
[11]) Littérature et politique, S. 28.   [12]) Adm. 16, 1.
[13]) J. Spiegel, Reformbewegungen, S. 19. — Zu dem Auftreten Ipus vor dem ägyptischen Herrscher ist von Hugo Greßmann, Die älteste Geschichtsschreibung und Prophetie Israels (Die Schriften des AT 2,1), Göttingen 1921, S. 157, als Gegenstück der Bericht über Nathan vor David (2. Sam 12, 1—15) genannt worden.

Auch die „Lehre des Königs Amenemhet"[14]) ist, obwohl gerade sie eine Programmschrift für den Abschluß der bis zur Ermordung dieses ersten Königs der 12. Dynastie anhaltenden geistigen Wirren der Aufstiegszeit des Mittleren Reiches sein wird, doch nicht frei von innerer Skepsis am traditionellen Bild des Königtums; Amenemhet wird ja durchaus, was für das Alte Reich undenkbar gewesen wäre, in seiner menschlichen Schwäche geschildert: "C'est sans doute l'image la plus humaine du pharaon dans toute la littérature égyptienne, et cette image, très différente des conceptions traditionelles, procède des idées qui ont vu le jour à la Première Période Intermédiaire"[15]).

Auf dem Hintergrund dieser Zeugnisse für den Geist der Aufstiegszeit des Mittleren Reiches ist nach der Haltung des „Bauern" zum dynastischen Gedanken zu fragen. Eine Umwertung früherer Anschauungen vom Königtum, wie sie freilich nicht verbis expressis ausgesagt wird, sondern einfach als Tatsache vorhanden ist, besteht darin, daß es der „Bauer" ist, der als Verkünder der Maat auftritt. Und bezeichnend für die Zeit ist, daß dann sogar von einem deutlichen Interesse des Königs selbst an diesen Ausführungen des „Bauern" berichtet wird[16]). Von einer Einordnung des Untertanen in die staatliche Hierarchie kann da nicht mehr geredet werden. Im Gegenteil: der „Bauer", jener Mann, der aus den Grenzgebieten des ägyptischen Kulturbereiches ins Land kommt und in keiner Weise etwa der Aristrokatie angehört, ist nun, was im Alten Reich königliches Privileg war, ein „Herr der Maat".

Das bedeutet, daß der König der vom „Bauern" verkündeten göttlichen Ordnung unterstellt angesehen und damit in religiöser Hinsicht als bloßer Mensch angesprochen wird. Nicht allein die Prophetie von Mari bietet hierzu Vergleichspunkte, sondern auch das Alte Testament an solchen Stellen, wo ein Prophet nicht die königliche Instanz generell, sondern das Verhalten eines ihrer Amtsträger seinem Wort unterwirft. Jeremia hält Jojakim das Bild seines Vaters vor Augen — „er tat Recht und Gerechtigkeit"[17]) — und wirft ihm vor, daß er selbst „seinen Nächsten" ausbeutet[18]). Ist der Untertan der „Nächste" (רֵעַ) des Königs, so untersteht dieser wie jeder gewöhnliche Mensch den vom Propheten verkündeten Forderungen Gottes. Kraft seines religiösen Auftrages erhebt sich somit der Anspruch des Propheten über Amt und Macht des Königs. Der Prophet ist Verkünder der Maat. Der Prophet zeichnet, wie es Zarathushtra tut, das Bild des Herrschers[19]): „Gute Regenten sollen regieren, nicht sollen uns schlechte Regenten regieren, mit den Werken des guten Glaubens, o Ārmaiti"[20]).

Aber beim „Bauern" besteht, abgesehen von dieser im Wesen des prophetischen Auftrags liegenden Haltung, die im Sinne des Alten Reiches aller-

---

[14]) Vgl. de Buck, The Instruction of Amenemes, in: Mélanges Maspero I, S. 847—852; Erman, Literatur, S. 106ff.; von Bissing, Altägyptische Lebensweisheit, S. 61ff.; E. A. Wallis Budge, Facsimiles of Egyptian Hieratic Papyri in the British Museum, Second Series, London 1923, Taf. LXIII—LXV.

[15]) Posener, a.a.O., S. 65.

[16]) B 1, 78—84; R 123—130.   [17]) Jer 22, 15.

[18]) Jer 22, 13; vgl. Nyström, a.a.O., S. 151.   [19]) Yasna 48, 5.

[20]) Ārmaiti, „heilige Harmonie", eines jener später unter dem Begriff der amesha spentas („unsterbliche Heilige") zusammengefaßten Prinzipien, die für Wesen und Wirken Ahura Mazdāhs charakteristisch sind.

dings als antidynastisch zu verstehen wäre, doch eine sorgsame Herausnahme des Königs aus den Angriffsreden. Das Königsbild des „Bauern" wird nicht polemisch vorgetragen, sondern ist implizit im Text ausgesprochen. Direkt ermahnt und angegriffen wird nur der dem König untergeordnete Rensi; aus der gegen diesen gerichteten Stelle[21]):

> „Wenn der König zu Hause sitzt und wenn du (statt seiner) das Steuer-
> ruder führst, so wird Unheil in deiner Umgebung angerichtet",

kann man eher eine positive Wertung des Königtums als einen Tadel heraus-lesen. Und der König selbst zeigt ja ein deutliches, wohlwollendes Interesse für den Propheten, freut sich sichtlich über die schriftliche Fixierung seiner Reden[22]) und trägt Sorge für des „Bauern" und seiner Familie Ergehen[23]). Zu diesem Sachverhalt gibt es eine verblüffend auffällige Parallele bei Jeremia[24]): „Da wurden die Amtleute zornig auf Jeremia, schlugen ihn und brachten ihn in Gewahrsam in das Haus des Staatsschreibers Jonathan, denn das hatten sie zum Gefängnis gemacht." Als Gefangener solcher zweiten Leute im Staate aber bleibt Jeremia der Schützling des Königs Zedekia[25]).

g) Unerschrockenheit, Mißhandlung und prophetisches Leiden

Das Auftreten des „Bauern" vor Rensi ist durch die menschliche Uner-schrockenheit des prophetischen Verkünders gekennzeichnet. Nachdem ihn Rensi durch zwei Diener hat auspeitschen lassen, setzt der „Bauer" unbeirrt seine Rede in gleicher Schärfe fort[1]):

> „Da sagte der Bauer: So irrt der Sohn Merus (d. i. Rensi); sein Gesicht
> ist blind gegen das, was er sieht, taub gegen das, was er hört, vergeßlich
> gegen das, was ihm ins Gedächtnis gerufen wird."

Unter den vielen alttestamentlichen Vergleichstexten ist vielleicht besonders bezeichnend der Bericht über die Begegnung Ahabs mit Elia[2]): „Als Ahab Elia erblickte, sprach er zu ihm: Bist du es wirklich, Verderber Israels? — Er aber sprach: Nicht ich habe Israel verderbt, sondern du und deines Vaters Haus, weil ihr Jahwe verließet und den Baalen folgtet." Auch das Auftreten Nathans vor David ist ein Musterbeispiel[3]). In Form einer Parabel trägt Nathan dem König einen Rechtsfall vor, den dieser entscheiden soll. Als der König das Urteil fällt[4]): „So wahr Jahwe lebt, ein Kind des Todes ist der Mann, der dies getan hat", richtet er sich ahnungslos selbst, und der Prophet hat den Mut, ihm dies ins Gesicht zu sagen[5]): „Du bist der Mann!" Die Kühnheit, mit der durchweg israelitische Propheten vor Königen, Machthabern und Priestern ihres Landes stehen, zeigt, daß wir es auch hier mit einem typischen Wesens-zug des Prophetismus zu tun haben.

---

[21]) B 1, 127.
[23]) B 1, 78—87; R 123—138.
[25]) Jer 37, 21.
[2]) 1. Kön 18, 17—18.
[4]) Vers 5.

[22]) B 2, 128—132.
[24]) Jer 37, 15.
[1]) B 1, 187—189.
[3]) 2. Sam 12, 1—15.
[5]) Vers 7.

Er ist eng verbunden mit der vielfach zur Vita des Propheten gehörenden Mißhandlung, für die die oben angeführte Jeremia-Stelle[6]) als alttestamentlicher Beleg gelten kann. Im ,,Bauern'' lesen wir[7]):

> ,,Da nahm er (*Dḥwtj-nḫt*) sich einen Stock von einer grünen Tamariske und schlug alle seine Glieder damit.''

Und an anderer Stelle[8]):

> ,,Dieser Bauer aber sagte diese Rede dem Obergütervorsteher Merus Sohn Rensi am Eingang des Palastes. Da ließ er zwei Diener mit einer Peitsche gegen ihn vorgehen, und sie schlugen alle seine Glieder damit.''

Der ,,Bauer'' wird mithin behandelt, wie Ipu in den ,,Admonitions'' das Geschick eines von Wegelagern Überfallenen schildert[9]): ,,Er bekommt Stockschläge zu riechen, er wird ungerechterweise geschlagen.''

Das Motiv des prophetischen Leidens, das damit deutlich wird, ist ein integrierender Bestandteil des Prophetismus. ,,Ist das Prophetentum das Kernstück der israelitischen Religion, dann ist Jesaja 53, das Lied vom leidenden Knecht des Herrn, der Höhepunkt des alttestamentlichen Prophetismus''[10]). Dabei hat die Vorstellung von der Niedrigkeit der Knechtsgestalt ihre besondere Bedeutung darin, daß nach antiker Anschauung die Knechtschaft dem Königtum diametral gegenübersteht[11]).

h) Die innere Nötigung zur prophetischen Rede

Die psychische Wurzel dieser unerschrockenen Haltung gegenüber Drohungen und Züchtigungen ist die innere Nötigung zur prophetischen Rede. Ein prägnanter alttestamentlicher Beleg für den Zwang zur prophetischen Verkündigung steht in der Geschichte von Bileam und Balak[1]): ,,Muß ich nicht das halten und reden, was mir der Herr in den Mund gibt?'' Die Worte Zarathushtras[2]): ,,Solang ich vermag und die Kraft haben werde, solang will ich predigen . . .'' scheinen gleichem Geist zu entstammen. Die Propheten hat ,,eine übergewaltige Macht . . . entrückt und in den Dienst geholt.'' So ,,sind die Propheten alle ergriffen, gepackt, ja gezwungen zu ihrem Beruf . . . Paulus spricht genau von diesem göttlichen Zwang 1. Kor 9,16f.: ,Daß ich das Evangelium predige, darf ich mich nicht rühmen, denn ich muß es tun. Und weh mir, wenn ich das Evangelium nicht predigte! Ich tue es nicht aus eigenem Willen; mir ist das Amt befohlen''[3]).

---

[6]) Jer 37,15.   [7]) B 1,22—23.

[8]) B 1,184—187.   [9]) Adm. 5,11f.

[10]) F. M. Th. de Liagre Böhl, Prophetentum und stellvertretendes Leiden in Assyrien und Israel, in: Opera Minora, Groningen und Djakarta 1953, S. 70.

[11]) W. B. Kristensen, De antieke opvatting van dienstbaarheid, in: Verzamelde bijdragen tot kennis der antieke godsdiensten, Amsterdam 1947, S. 201ff.

[1]) Num 23,12.

[2]) Yasna 28,4; Übers. nach Geldner, a.a.O., S. 4.

[3]) P. Volz, a.a.O., S. 8.

Aus dem Zwang zum entpersönlichten Sprechen folgert der ewige Streit zwischen der objektiven Rede und dem subjektiven, menschlichen Streben in der Persönlichkeit des Propheten[4]), wofür Elias Wort[5]): „Es ist genug!" ein klassisches Beispiel ist.

Für die alttestamentlichen Schriftpropheten hat Gustav Hölscher den Zwangscharakter ihrer Rede treffend dargelegt[6]): „Ebenso triebmäßig wie die erwähnten Bewegungen und Handlungen erfolgt das profetische Reden. Wenn ihn ‚die Hand packt' (Jes. 8,11), redet Jesaja inspirierte Worte; wenn der Saitenspieler die Saiten rührte, kam die Hand Jahwes über Elia, so daß er weissagte (2. Kön. 3,15). Der Geist kommt über den Profeten (2. Chr. 15,1. 20,14), fällt auf ihn (Hes. 11,5), zieht ihn an wie ein Kleid (2. Chr. 24,20). Fremder Zwang ist es, der die Zunge des Profeten rührt, der auf seinen Sprachwerkzeugen spielt wie auf den Saiten des Instruments; nur die Lügenprofeten ‚nehmen ihre Zunge' selber, um einen Gottesspruch murmelnd zu sprechen (Jer. 23,31). Das profetische Reden wird daher als ‚träufeln' (*hiṭṭīf*) bezeichnet (Am. 7, 16. Mi. 2,6.11. Hes. 21,2. 7), ein Ausdruck, der das Hervorstoßen profetischer Worte mit dem Niederfallen der Tropfen aus einem leckgewordenen Gefäße vergleicht.

Dieses Gefühl vom Zwangscharakter ihrer Rede haben die großen Profeten vielfach in schönster dichterischer Form ausgedrückt. Amos formuliert es, wie es seine Art ist, einfach und knapp:

Es brüllt der Leu — wer schräke nicht zusammen,
Es spricht der Herr — wer würde nicht verzückt! (Am. 3,8).

Jeremia beschreibt es vielfach: ein Feuer lodert in seiner Brust und droht, das Gefäß zu zersprengen; mit elementarer Gewalt ergießt sich sein Schreckenswort über das spielende Kind auf der Gasse, auf die harmlos scherzenden Jünglinge (Jer. 6,11):

O Herz, o Herz, ich bebe,
O Herzenskammern!
Die Brust will's mir zerreißen,
Ich kann nicht schweigen (Jer. 4,19).

Wollte er schweigen, so würde sein Gott selbst ihn fürchterlich schrecken (Jer. 1,17). Es ist ein harter Zwangszustand, gegen den kein Sträuben hilft. Ergreifenden Ausdruck geben auch die psalmistischen Partien des Jeremiabuches dieser Empfindung:

Du Jahwe hast mich betört,
Gepackt, bezwungen,
Alltäglich werd ich zum Spott,
Ein jeder höhnt mich (Jer. 20,7)."

---

[4]) van der Leeuw, a.a.O., S. 207f.   [5]) 1. Kön 19,4.
[6]) Gustav Hölscher, Die Profeten. Untersuchungen zur Religionsgeschichte Israels, Leipzig 1914, S. 31f.

Mit dieser Charakteristik und diesen Belegen sind die Worte des „Bauern" zu vergleichen[7]):

> „Mein Leib aber ist vollgefüllt und mein Herz ist beladen. Es kommt aber aus meinem Leibe heraus wegen seines Zustandes. Ein Bruch ist in dem Damm, und sein Wasser eilt dahin: mein Mund wird zur Rede geöffnet."

Auch aus der folgenden Textstelle, die eng an den aktuellen Anlaß zur prophetischen Rede anknüpft, sprechen gleiche Empfindungen[8]):

> „Nicht wird schweigen der, den du zum Reden gebracht hast.
> Nicht wird schlafen der, den du aufgeweckt hast. Nicht werden die Gesichter stumpf sein, die du scharf gemacht hast. Nicht wird der Mund verschlossen sein, den du geöffnet hast. Nicht wird unwissend sein der, den du wissend gemacht hast. Nicht wird töricht sein der, den du erzogen hast."

Rudolf Otto hat es mit religionspsychologischem Sinn verstanden, dieses Moment prophetischen Daseins zu beschreiben[9]): „In sich selber aber, wie es brennen und eifern macht, selber ein unrastig Lohendes, Drängendes und Treibendes, ein Kommendes und Gehendes, sich Gewährendes und sich Entziehendes, nicht Statisches sondern ganz Dynamisches, ‚Energisches'."

i) Formen des Ausdrucks

Aus der inneren Nötigung zur prophetischen Verkündigung folgern bestimmte Formen des Ausdrucks. Der Gegensatz, in dem für den Propheten die Welt zu Gott steht, bedingt die Härte seines Wortes[1]): „Die Prophetensprache ist furchtbar herb, der Prophet spricht eine Geißelsprache, er nennt die angebeteten frommen Führer des Volkes ‚Otterngezücht', er sagt, daß sie aus dem Tempel eine ‚Räuberhöhle' gemacht haben."

Der „Bauer" verhält sich genau so, er spricht diese Geißelsprache gegenüber Rensi, er nennt ihn einen Dieb[2]), er sagt ihm ins Gesicht[3]):

> „Siehe, du bist ein Raubvogel für die Menschen, der von den Schwachen unter den Vögeln lebt."

Er geißelt seine Gewalttätigkeit und Habgier[4]):

> „Siehe, du bist stark und kräftig. Dein Arm ist gewalttätig, und dein Herz ist habgierig. Die Milde ist an dir vorübergegangen."

---

[7]) B 1,275—278.   [8]) B 1,285—287.
[9]) R. Otto, Profetische Gotteserfahrung, in: Sünde und Urschuld, München 1932, S. 66.
[1]) P. Volz, a.a.O., S. 28f.   [2]) B 1,192.
[3]) B 1,174—176; R 225—227.   [4]) B 1,115—117; vgl. B 1,204.

Oder an anderer Stelle[5]):

> „Deine Faulheit wird sich an dir versündigen. Deine Habgier wird dich dumm machen. Deine Gefräßigkeit wird dir Feinde verschaffen."

Vor allem ist es die Verständnislosigkeit des Obergütervorstehers, die der „Bauer" angreift[6]):

> „Es geht hinaus der, der sehen sollte, indem er blind ist, der hören sollte, indem er taub ist, der führen sollte, indem er ein Irreführender geworden ist."

Oder[7]):

> „Törichter, siehe du bist erreicht. Unwissender, siehe du bist angeredet."

In einigen dieser Worte des „Bauern" ist der Übergang zu den häufigsten prophetischen Gattungen der Droh- und Scheltreden deutlich. Als Drohreden können auch folgende Sätze verstanden werden[8]):

> „Gefunden wird, wer die Wahrheit verbirgt. Der Rücken der Lüge wird zu Boden gestürzt. Rüste nicht den Morgen; man weiß noch nicht, was Übles an ihm kommt."

Der den Drohreden eigene Hinweis auf die Zukunft ist auch in folgendem Wort enthalten[9]):

> „Hüte dich (und denke daran), daß die Ewigkeit (nḥḥ) herannaht."

Dagegen ist wohl als Scheltwort zu verstehen[10]):

> „Siehe, du bist ein Fährmann, der nur den ordentlichen Fährgeldbesitzer übersetzt."

Das in dem zuletzt zitierten Spruche verwandte Bild wird später gelegentlich wieder in einer charakteristischen Wendung aufgenommen[11]):

> „Ist die Fähre nicht hereingebracht? Womit wird dann übergefahren werden? Den Fluß zu Fuß übersetzen; — ist das gut übersetzen? Nein!"

Die vorliegende Formulierung ist in doppelter Weise aufschlußreich. Einmal bezeugt sie die Wahl einer rhetorischen Frage als Mittel der Verkündigung. Für diese typisch prophetische Redeweise bietet Jeremia ein gutes Vergleichswort, mit dem ebenfalls, wie in der Frage nach dem Übersetzen des Flusses zu Fuß, eine tatsächliche Unmöglichkeit angesprochen wird[12]): „Verwandelt ein Mohr seine Haut, seine Streifen ein Panther?"

Sodann ist die Wendung des „Bauern" charakteristisch für ein Mittel der Verkündigung, das wir als prophetische Ironie bei den israelitischen Propheten

---

[5]) B 1,281—282; B 2,39—42.   [6]) B 1,113—114.
[7]) B 1,218—219.   [8]) B 1,182—184.
[9]) B 1,145.   [10]) B 1,171—173.
[11]) B 1,198—200.   [12]) Jer 13,23.

finden[13]) und das Friedrich Paulsen[14]) auch im Neuen Testament nachweisen wollte. Diese prophetische Ironie schmälert nicht das religiöse Anliegen, sondern entsteht, abgesehen von ihrer Zweckbestimmung der Hinlenkung zum Wesentlichen, aus der Situation des Propheten; denn „Ironie ist der innere Habitus des Denkens und der Rede, der da entsteht, wo ein in Wahrheit Überlegener sich vor der scheinbaren und angenommenen Überlegenheit der Umgebung die Stellung des minderen Mannes gibt oder vielleicht diese ihm von der Umgebung zugewiesene Stellung annimmt und nun aus ihr heraus redet und handelt"[15]). Die Situation des „Bauern" könnte nicht besser beschrieben sein! Daher wird man geneigt sein, auch aus verschiedenen Anreden des „Bauern" an den Obergütervorsteher Ironie herauszuhören:

> „Obergütervorsteher, mein Herr! Du Größter der Großen, du Leiter alles dessen, was nicht ist und was ist"[16]) —
> „... du Gepriesener, den die Gepriesenen preisen"[17]) —
> „Du Steuerruder des Himmels, du Balken der Erde, du Meßschnur"[18]).

Eine bezeichnende Stelle für die Ironie des „Bauern" ist auch folgender Satz[19]):

> „Etwas Schlimmes ist es ja nicht: eine Waage, die schief steht, ein Zünglein, das irrt . . .!"

In sehr auffallender Parallele findet sich das gleiche Bild, wenn auch ohne ironische Nuance, als rhetorische Frage bei dem Propheten Micha[19a]): „Kann ich für schuldlos erklären unrechte Waage oder einen Beutel mit falschen Gewichten?"

Die zitierten Stellen sind weiterhin charakteristisch für die allegorische Redeweise des Prophetismus, die Verwendung von Bildern, die dem täglichen Leben entstammen, aber im übertragenen, religiösen und ethischen Sinne verstanden werden sollen. Die Bildreden des „Bauern"[20]) sind besonders häufig den Bereichen des Wiegens und Messens und der Schiffahrt entnommen; beide Bereiche sind unmittelbar verbunden in folgendem Wort[21]):

> „Siehe, du bist eines Hauptes mit der Waage. Wenn sie falsch geht, so gehst du auch falsch. Laß das Schiff nicht stranden, wenn du das Steuerruder führst."

---

[13]) Das beste Beispiel für Ironie im AT ist die bekannte Jothamsfabel (Ri 9,8— 15), die R. Kittel, Geschichte des Volkes Israel, Bd. II, 7. Aufl., Gotha 1925, S. 34 Anm. 4, eine „beißende Ironie über das Königtum" genannt hat. — Aus dem prophetischen Schrifttum hat Johannes Hempel, Worte der Propheten, Berlin 1949, S. 125ff., ironische Stellen bei Jesaja nachgewiesen, z. B. die Bezeichnung Jerusalems als Nachtwächterhütte im Gurkenfeld (1,8) oder die des Restvolkes als Fahnenstange im freien Gelände (30,17).

[14]) Friedrich Paulsen, Schopenhauer — Hamlet — Mephistopheles, 2. Aufl., Stuttgart und Berlin 1901, S. 237ff.

[15]) Paulsen, a.a.O., S. 239.

[16]) B 1,53—54; vgl. B 1,88—90.

[17]) B 1,68—69.

[18]) B 1,90—91.

[19]) B 1,95—96.

[19a]) Mi 6,13.

[20]) Vgl. Siegfried Hermann, Steuerruder, Waage, Herz und Zunge in ägyptischen Bildreden, in: ÄZ 79 (1954), S. 106—115.

[21]) B 1,161—163.

Beide Bilder haben ausgesprochenermaßen einen „Sitz im Leben" des alten Ägypten. Dem Wiegen kam seit alter Zeit bei den Lieferungen für Residenz und Tempel eine große Bedeutung zu. Noch häufiger verwendet der „Bauer" Bilder der Schiffahrt [22]), insbesondere des Fährbetriebes. Letzterer hatte in dem Stromland besondere Bedeutung, da es keine Brücken gab. Die Fähren gehörten meist wohlhabenden Leuten, und es galt als sittliche Pflicht, ihren Besitz nicht gegenüber dem Mittellosen auszunutzen [23]). Die Intention, dieses geläufige Bild der Fähre als moralische Allegorie zu gebrauchen, bezeugt das Wort [24]):

> „Wenn die Lüge fortgeht, so verirrt sie sich und fährt nicht mit der Fähre über. Wer mit ihr im Schiffe fährt, der erreicht nicht das Land, und seine Barke landet nicht an ihrer Landungsstätte."

Der vom Propheten geschaute Gegensatz zwischen dieser Welt und seiner eigenen religiösen Forderung stellt ein dialektisches Verhältnis dar, das sich bis ins Terminologische verfolgen läßt [25]). Ein besonders markantes Beispiel hierfür findet sich im Weinbergslied des Jesaja [26]): „Er hoffte auf Rechtsprechung — da war Rechtsbrechung, auf Treuergebung — da war Heulerhebung." Für antithetische Formulierungen, die als charakteristisch prophetisches Ausdrucksmittel auch vom „Bauern" gebraucht werden, ist besonders bezeichnend der allerdings im Ägyptischen nicht als Wortspiel formulierte Satz [27]):

> „Ein Land, das Ruhe geben sollte, läßt nicht zu Ruhe kommen."

k) Die Niederschrift

Zu den formalen Charakteristika gehört endlich die Sorge um die Niederschrift der prophetischen Verkündigung. Sie findet ihren Ausdruck in der Schlußerzählung des „Bauern" [1]):

> „Da ließ er (Rensi) ... auf eine neue Rolle bringen, und zwar jeden Anruf (seinem) Tage entsprechend. Der Obergütervorsteher Merus Sohn Rensi schickte sie an die Majestät des Königs von Ober- und Unterägypten

---

[22]) B 1,54 ff. = R 98 ff.; B 1,126—127; B 1,156—158; B 1,163—164; B 1,171—173; B 1,198—200; B 1,259—260 = B 2,12—13; B 1,267 = B 2,22; B 2,98—103.

[23]) Helck-Otto, Kleines Wörterbuch der Ägyptologie, S. 95; Kees, Das alte Ägypten, S. 51.

[24]) B 2, 98 ff.

[25]) J. Fichter, Die „Umkehrung" in der prophetischen Botschaft, in: ThLZ 1953, Sp. 459—466.

[26]) Jes 5,7; Übers. J. Hempel, Worte der Propheten, S. 126.

[27]) B 1,100—101; es handelt sich im ägyptischen Text um die Gegenüberstellung eines Landes, das Ruhe geben sollte (t3 śrf·w), und das dennoch schnaufen, (hastig) atmen (nšp) läßt.

[1]) B 2,128—132.

Neb-kau-Rē des Seligen, und dies war für das Herz (seiner Majestät) angenehmer als alles, was im ganzen Lande war."

Dem typisch prophetischen Zug der Niederschrift der offenbarten Worte, der zur Buchreligion führt[2]), liegt die Intention der geschichtlichen Fernwirkung zugrunde[3]); das bezeugen die Worte bei Jesaja[4]): ,,Nun geh nach Hause, schreib es auf, vor ihren Augen auf eine Tafel, fasse es in Schrift! Es soll sein am künftigen Tag ein Zeuge für immer." Ein klassischer Beleg für Schriftprophetie ist der entscheidende Satz über die erste Schriftrolle des Jeremia[5]): ,,Im vierten Jahre Jojakims, des Sohnes des Josia, des Königs von Juda, kam dieses Wort von Jahwe an Jeremia: Nimm dir eine Buchrolle und schreibe alle Worte hinein, die ich zu dir wider Jerusalem und wider Juda und wider alle Völker gesprochen habe, von dem Tage an, da ich zu dir spreche, von den Tagen Josias bis heute." Und als der König Jojakim Jeremias Buch zerrissen und verbrannt hat, erhält der Prophet den Befehl, das Buch erneut zu schreiben[6]): ,,Nimm dir noch einmal eine andere Rolle und schreibe darauf alle die vorigen Worte, die auf der ersten Rolle gestanden haben, die Jojakim, der König von Juda, verbrannt hat!"

Die Sorge um die schriftliche Fixierung ihrer Offenbarungen ist bezeichnend auch für andere prophetische Religionen. Nach persischer Tradition bestand schon unter den ersten Achämeniden ein abgeschlossener Kanon awestischer Schriften[7]). Das beste Beispiel aber bietet die Behandlung des Koran im Islam[8]). Mohammed hatte die manichäische Offenbarungslehre mit ihrer Hochschätzung des heiligen Buches übernommen[9]). Nach seiner Vorstellung befand sich bei Allah im Himmel eine Urschrift des Koran (*umm al-kitāb*). Der Charakter der Buchreligion, der unter den ersten Nachfolgern Mohammeds in der Leitung der Gemeinde zur Kodifizierung seiner Offenbarungen führt, kommt bereits im Berufungserlebnis Mohammeds zum Ausdruck, wenn der Erzengel Gabriel[10]) dem Propheten mit dem Worte *iqra'*, ,,lies", das Lesen der Offenbarung gebietet[11]). Auch die religionspolitische Unterscheidung zwischen Heiden und Inhabern göttlicher Offenbarungsschriften, den ,,Leuten des Buches" (*ahl al-kitāb*)[12]), spricht bei Mohammed für die prophetische Hochschätzung der schriftlich festgelegten Offenbarung.

---

[2]) Vgl. die systematischen Untersuchungen der Buchreligion: Johannes Leipoldt und Siegfried Morenz, Heilige Schriften. Betrachtungen zur Religionsgeschichte der Mittelmeerwelt, Leipzig 1953; S. Morenz, Entstehung und Wesen der Buchreligion, in: ThLZ 1950, Sp. 709—716.

[3]) P. Volz, a.a.O., S. 23.

[4]) Jes 30,8; vgl. auch Apk 1,19: ,,Schreibe nun was du gesehen, und was da ist, und was kommt nach diesem . . ."

[5]) Jer 36,1—2.   [6]) Jer 36,28.

[7]) Vgl. G. Lanczkowski, Heilige Schriften. Inhalt, Textgestalt und Überlieferung (Urban-Bücher, Bd. 22), Stuttgart 1956, S. 78.

[8]) Vgl. u. a. Handwörterbuch des Islam, S. 347ff.

[9]) Tor Andrae, Mohammed, S. 84ff.

[10]) Sure 2,91.   [11]) Sure 96,1—4.

[12]) Sure 9,29.

l. Die Ethik

Die religionsgeschichtliche Einordnung des „Bauern“ als eines Zeugen für ägyptischen Prophetismus in der Aufstiegszeit des Mittleren Reiches ergibt sich nicht allein aus Gründen formaler Übereinstimmungen mit außerägyptischen Prophetien, sondern in noch höherem Grade der Beweiskraft aus dem Inhalt seiner Botschaft, der Ethik des „Bauern“. „Die Verkündigung der Propheten wird von Anfang bis Ende durchsäuert von der Ethik. Sich der Sache der Witwen und Waisen annehmen, an der Wahrheit festhalten, recht richten, Gerechtigkeit und Barmherzigkeit üben, das ist das Thema, das durch die Schriften der Propheten klingt und donnernde Gerichtsworte gegen jene hervorruft, die das Recht brechen, das Gesetz des Herrn übertreten und die Armen, die Frommen, die Geringen unter ihre Füße treten“[1]).

Die ethische Verkündigung des „Bauern“ ist zentriert in einem neuen Verständnis der Maat. Der „Bauer“ vollzieht eine semasiologische Umwandlung des Begriffs vom Ausdruck für eine formale Ethik zu einer stets für den Prophetismus charakteristischen Gesinnungsethik. Im Alten Reich war die Maat eng mit dem Gott-König verbunden, der sie in einer für unser logisches Denken paradoxen Weise in einer permanenten, aber statischen Neusetzung, Neuschöpfung und Neuordnung der Welt zu realisieren hatte. Der König wiederholte die „Schöpfung, mit der das Chaos ein Ende nahm und die gegenwärtige Weltordnung eingeleitet wurde“[2]). Aber er tat dies nicht etwa als Ethiker, sondern aus einem der Sache immanenten Zwang; sein Handeln war nicht dem Bereich des individuellen Willens, sondern des gegebenen Seins verhaftet: "Maʿat, then, was a created and inherited rightness, which tradition built up into a concept of orderly stability, in order to confirm and consolidate the status quo, particularly the continuing rule of the pharao"[3]).

Im Sinne eines sachlich richtigen Handelns wird der Begriff der Maat im Alten Reich auch für den nicht-königlichen Bereich gebraucht. Anthes[4]) hat im Anschluß an die Maximen des Ptahhotep[5]) Gedanken entwickelt, wie sie für die Weltanschauung der Blütezeit des Alten Reiches zutreffend sind: „Das Idealbild, das ihnen (den Sprüchen des Ptahhotep) zugrunde liegt, ist das eines korrekten Mannes, der klug Anstoß vermeidet und in Taten und Gedanken sich der staatlichen und gesellschaftlichen Ordnung einfügt ... Bei dieser Auffassung stehen moralische Begriffe wie gut und schlecht nicht zur Diskussion. Vielmehr sind Maßstab die Kennzeichnungen des Wissenden und des Unwissenden, die wohl durch unsere Worte klug und töricht am besten wiedergegeben werden; die Klugheit kann erlernt werden ...“[6]). Bei Ptahhotep

---

[1]) Nathan Söderblom, Der lebendige Gott, S. 296.

[2]) Kurt Sethe, Amun und die acht Urgötter von Hermopolis, S. 62.

[3]) Wilson, The Burden of Egypt, S. 47f.

[4]) Rudolf Anthes, Lebensregeln und Lebensweisheit der alten Ägypter: Der Alte Orient, Bd. 32, Heft 2, Leipzig 1933, S. 12.

[5]) Eugène Devaud, Les maximes de Ptahhotep, Fribourg 1916; Zbyněk Žába, Les maximes de Ptahhotep, Prag 1956.

[6]) Zur Erziehung als Verwirklichung der Maat vgl. H. Brunner, Altägyptische Erziehung, Wiesbaden 1957, S. 118f.; J. Spiegel, Das Werden der altägyptischen

findet sich eine sachliche Feststellung dieser Ansichten[7]): ,,Die Maat ist nützlich und ihre Tüchtigkeit dauert, — während man den bestraft, der ihre Gesetze übertritt." Hiermit sind die moralischen Gegensätze, die sich aus dem göttlichen Postulat und der irdischen Natur der Menschen ergeben, unberücksichtigt und unerkannt, und mit dem Fehlen der Spannung zwischen beiden Bereichen ist der eigentliche Faktor der Persönlichkeitsbildung in unserem Sinne ausgeschaltet. Dieses essentielle — aber nicht existentielle oder voluntaristische — Verständnis der Maat des Alten Reiches impliziert, daß wir für diese Zeit das Antinym $isf \cdot t$[8]) nicht im Sinne unseres christlich geprägten Wortes ,,Sünde" verstehen können; Analoges gilt natürlich für den damaligen Gebrauch des Wortes grg (,,Lüge")[8a]).

Erst mit dem Zerfall der Weltordnung des Alten Reiches entsteht in einer akuten Krise die Aufgabe persönlicher Auseinandersetzung des Menschen, und dies bewirkt eine Umwertung des Begriffes der Maat. ,,Nach der Loslösung vom Weltgesetz wird die Maat Göttin des Rechts und der Wahrheit"[8b]). Wilson hat treffend die geistige Lage umrissen[9]): "That gay and lively world of material and social success under the Old Kingdom, a world which seemed as stable as the pyramids, has crashed with violence, leaving confusion in its ruins. It was necessary for the Egyptians to rethink their code of values."

Für den charakteristisch prophetischen Habitus, mit dem der ,,Bauer" in diesem religionsgeschichtlichen Stadium der Neugewinnung von Maat steht, ist zunächst aufschlußreich die radikale Reduktion auf das Wesentliche. ,,Nur dem Prophetismus verdankt die Religion die radikale Vereinfachung . . ., so daß einem Willen alle anderen, sei es widerstrebend oder gutwillig, untergeordnet werden"[10]). Ein Beweis hierfür liegt in der Textstelle B 1,54—62 (= R 98—105). Der ,,Bauer" knüpft offenbar an die lokale Gegebenheit des Kultsees des Harsaphes an. Aber dieser im Sinne einer kultischen Religiosität bedeutsame Ort ist für ihn nur Anlaß, sofort auf das Wesentliche zu kommen. So spricht er vom ,,See der Maat" ($š \; n \; m\beta^c \cdot t$) und führt diesen Gedanken fort, ohne etwa weitere Intentionen zu einer Analogie zu verraten; denn auf dem See des Harsaphes fährt man nicht und erbeutet keine fetten Vögel; wesentlich für den Gedanken ist allein die Umdeutung des Einsatzes.

Hochkultur, S. 349; A. de Buck, Het religieus karakter der oudste egyptische wijsheid, in: Nieuw Theologisch Tijdschrift 21 (1932), S. 336f.

[7]) 5,84ff.

[8]) WB I 129; vgl. z. B. Pyr. 265a: ,,Er kommt von der Flammeninsel, nachdem er $m\beta^c \cdot t$ auf ihr an die Stelle von $isf \cdot t$ gesetzt hat."

[8a]) Rudolf Anthes, Die Maat des Echnaton von Amarna, Baltimore 1952, S. 2 Anm. 6: ,,$isft$ bezeichnet neben anderen Wörtern den Gegensatz zur Maat und ist anscheinend von diesen Wörtern nicht klar abgegrenzt."

[8b]) Gertrud Thausing, Der ägyptische Schicksalsbegriff, in: MDIK 8 (1939), S. 46ff.

[9]) Wilson, The Burden of Egypt, S. 123.

[10]) Nathan Söderblom, Das Werden des Gottesglaubens, 2. Aufl., Leipzig 1926, S. 286; vgl. G. Hölscher, Die Profeten, S. 18f.

So klingt das „Eins ist not"[11] aus der Textstelle:

> „Wenn du zum See der Maat hinabsteigst, daß du segelnd auf ihm fahrest,
> . . . so wird dein Schiff nicht steckenbleiben, so wird kein Unheil in deinen
> Mastbaum kommen, so werden deine Schiffspflöcke nicht abgebrochen
> werden, so wirst du nicht stranden. Wenn du festfährst auf dem Lande,
> so wird die Welle dich nicht fortreißen, so wirst du nicht das Geschrei
> des Flusses zu kosten haben, so wirst du nicht ein Gesicht der Furcht
> sehen: die scheuen Fische kommen zu dir, und du erbeutest fette Vögel."

Wesentlich für diese Tendenz der Hinlenkung auf das dem „Bauern" allein
Wichtige ist auch die Verallgemeinerung aktueller und persönlicher Anlässe
zur Betrachtung der generellen Situation. Das Verhältnis der Rahmenerzählung zu den Reden ist hierfür besonders aufschlußreich. So hat es nur noch
sehr wenig mit dem unerlaubt Korn fressenden und deshalb dem „Bauern"
weggenommenen Esel[12] sowie den daraus entstehenden Konflikten, sehr viel
aber mit der geistigen Allgemeinsituation zu tun, wenn der „Bauer" ausruft[13]:

> „Ein Land, das Ruhe geben sollte, läßt nicht zur Ruhe kommen."

Für die im Mittelpunkt seiner Verkündigung stehende Maat weist der
„Bauer" zunächst einige Stellen auf, die diese Maat preisen, zu ihrer Befolgung
ermahnen oder ein ihr nicht entsprechendes Verhalten untersagen:

> „Das Gleichgewicht des Landes ist das Tun der Maat"[14] —
> „Der Betrüger verringert die Maat"[15] —
> „Sage keine Lüge (grg) und behüte die Beamten davor"[16].

Zur inhaltlichen Bestimmung der Maat führt dann eine Stelle wie:

> „Bewege dein Herz, daß du die Maat kennenlernst"[17].

Das Herz (ib) ist für den Ägypter das Empfangsorgan für die durch Erziehung
oder Beobachtung vermittelte Weisheit[18]. Die Maat ist also eine Qualität, die
dem Denken des Einzelmenschen erschließbar ist. An ihn, der in der Aufstiegszeit
des Mittleren Reiches eindeutig als Ziel der Schöpfung verstanden wird[19],
wendet sich der „Bauer" ebenso, wie es auch andere Propheten taten. Bei
Micha steht das in seiner direkten Ansprache des Einzelmenschen für alle
alttestamentlichen Propheten gültige Wort[20]: „Es ist dir gesagt, Mensch, was
gut ist . . ." Wir können es der persönlich gezielten Frage aus einer der frühen
Offenbarungen Mohammeds zur Seite stellen[21]: „O Mensch, was hat an deinem
hohen Herrn dich irr gemacht . . .?" Ebenso soll bei Zarathushtra der einzelne
in einer „rechten Wahl" das sittliche Handeln in „Gedanken, Worten und

---

[11] Lk 10,42.   [12] B 1,9—12.   [13] B 1,100—101.
[14] B 1,158—159.   [15] B 1,250—251.
[16] B 1,132.   [17] B 1,209—210.
[18] Vgl. E. Otto in: Die Welt des Orients 2 (1955), S. 105f., und: ÄZ 81 (1956),
S. 47; H. Brunner, a.a.O., S. 110ff.; Monographie über das Herz im ägyptischen
Verständnis: A. Piankoff, Le cœur dans les textes égyptiennes, Paris 1930.
[19] E. Otto in: Die Welt des Orients 2 (1955), S. 104.   [20] Mi 6,8.
[21] Sure 82,6; Übers. nach R. Hartmann, Die Religion des Islam, Berlin 1944,
S. 8.

Taten"[22]) verwirklichen[23]): „Höret mit den Ohren das Beste, betrachtet es mit klarem Sinn: die Entscheidung zwischen den beiden Wahlmöglichkeiten, Mann für Mann für seine Person."

Mit der typisch prophetischen Bezugnahme auf den Einzelmenschen ist die Maat nicht aus einer ehemals absoluten zu einer relativen Größe geworden, sondern aus einem numinosen Ordnungsbegriff zur sittlichen Norm. Aus der Schau der alttestamentlichen Propheten schrieb Hermann Cohen[24]): „Sittlichkeit ist ja von allen Naturwesen nur für den Menschen ein Problem. Sittlichkeit bildet theoretisch den Inhalt der Ethik und praktisch den Inhalt der Selbsterziehung des Menschen. Diese Selbsterziehung tritt als Religion in das Licht der göttlichen Erziehung des Menschengeschlechts. So scheiden sich begrifflich Sittenlehre und Religion. Wenn anders aber die Religion im Geiste des Menschen, in der Entwicklung des menschlichen Kulturbewußtseins ihren eigenen Anteil an der menschlichen Vernunft hat, so treten demgemäß die Begriffe Gott und Mensch wieder zusammen. Die Korrelation tritt ein, und zwar ebenso gemäß dem Begriffe Gottes, wie gemäß dem des Menschen. Die Korrelation darf jedoch nicht zur Identität verschrumpfen. Das ergibt die Krankheit des Pantheismus. Das Göttliche ragt theoretisch, wie praktisch, über das Menschliche hinaus. Aber am Göttlichen läßt sich das Heilige auszeichnen."

Aus den Mahnworten des „Bauern" gewinnen wir eine Bestätigung für diese Tatbestände, wenn wir seine Forderung der Milde analysieren. Er erhebt den Vorwurf[25]):

„Die Milde (sf) ist an dir vorübergegangen."

Und er spricht den Wunsch aus[26]):

„. . . mögest auch du milde sein."

Daß damit keineswegs Straffreiheit für unrechtes Handeln geboten sein soll, zeigt der Satz[27]):

„Verhalte dich so, wie man sagt: Odem für die Nase ist das Tun der Maat. — Bestrafe den, der es verdient, so wird man dir nicht an Rechtlichkeit gleichen."

Oder folgende Stelle[28]):

„Wenn du dein Gesicht gegen den Gewalttätigen verhüllst, wer wird dann das Schändliche (bw ḥwrw) abwehren?"

Der Unterschied zwischen dem alten Verständnis von Maat und dem neuen liegt also in der Forderung persönlicher Verantwortlichkeit, die, wie jede echte Verantwortung, in der Transzendenz wurzelt. "Proper maᶜat cannot stop at the repair and punishment of 'falsehood' or at the coldly impersonal leveling-off by the scales; proper maᶜat includes the positive seeking-out of justice"[29]).

Leicht erkennbar ist die Verwandtschaft dieser Gedanken zu neutestamentlichen Forderungen. An 1. Kor 13 ist dabei zu denken; für die vorliegenden Zusammenhänge ist noch aufschlußreicher das Gleichnis vom Schalksknecht[30]).

---

[22]) Yasna 33,2 u. ö. [23]) Yasna 30,2. [24]) a.a.O., S. 127f.
[25]) B 1,117. [26]) B 1,151. [27]) B 1,146—148.
[28]) B 1,167—168. [29]) Wilson, a.a.O., S. 120f. [30]) Mt 18,23—35.

Daß Gerechtigkeit ohne Milde und Barmherzigkeit Grausamkeit sei, hat Thomas von Aquino prägnant formuliert[31]): „Opus autem divinae iustitiae semper praesupponit opus misericordiae, et in ea fundatur"; bereits im Brief des Jakobus findet sich dieser Gedanke[32]): „Superexaltat misericordiae iudicium."

Die hiermit ausgesprochene Dynamik der ethischen Entscheidung[33]) kann nun im „Bauern" noch durch einen Hinweis auf das Antinym zu Maat bekräftigt werden. Gewiß verwendet der „Bauer" auch herkömmliche Termini, wie etwa das häufig gebrauchte *grg* („Lüge"). Daneben aber ist wesentlich die Hervorhebung subjektiver Sündhaftigkeit, wofür ꜥ*wn ib* („habgierig")[34]) gern gesetzt wird.

Als objektive Bezeichnung von „Sünde" treffen wir dann ein Wort, das am häufigsten in der ägyptischen Literatur überhaupt sich im „Bauern" findet und auch sonst, abgesehen von spätem Gebrauch[35]), nur aus dem beginnenden Mittleren Reich belegt werden kann, das Wort *ij·t*[36]). Der dynamische Inhalt dieser Vokabel resultiert bereits aus ihrem philologischen Verständnis als aktivem Partizip von *ij*, „kommen"[37]). Vielleicht sprechen graphische Varianten zwischen der Schreibung mit dem Determinativ des Gehens und dem des Schlechten dafür, daß dieses Verständnis lebendig war; so hat der Satz[38]):

> „Räuber sind die Beamten, die man zur Abwehr gegen das Unrecht eingesetzt hat",

in einem Falle[39]) für „Unrecht" die Schreibung ⟦hieroglyphs⟧ , im Paralleltext[40]) aber die der ursprünglichen Bedeutung entsprechende Schreibung ⟦hieroglyphs⟧ . Die Sünde ist also „das was kommt". Für den Übergang der konkreten in die abstrakte Bedeutung hat der „Bauer" selbst den besten Beleg in Form eines Wortspiels[41]); bei ihm ist wiederum das Schriftbild beachtlich:

⟦hieroglyphic text⟧

> „Rüste nicht den Morgen, ehe er kommt (*ijt·f*); denn nicht weiß man, was mit ihm Schlechtes kommt" (*ij·t im·f*).

Die abstrakte Bedeutung von *ij·t* hat, was bereits in dieser Stelle des „Bauern" anklingt, zwei verschiedene Nuancen. Sie kann als das Kommende

---

[31]) Summa theologica I, q. XXI a. 4c.   [32]) Jak 2, 13.

[33]) Vgl. Joachim Spiegel, Die Idee vom Totengericht in der ägyptischen Religion: Leipziger Ägyptologische Studien, Heft 2, Glückstadt 1935, S. 33f.

[34]) WB I 172; B 1, 66 = R 109; B 1, 117 (*ib-k* ꜥ*wn*); B 1, 169; B 1, 281 = B 2, 40. Zu ꜥ*wn ib* vgl.: G. Fecht, Der Habgierige und die Maat in der Lehre des Ptahhotep, Abh. Dtsch. Arch. Inst. Kairo I, 1958.

[35]) A. Mariette, Dendérah, Bd. I, Paris 1870, 46.   [36]) WB I 38.

[37]) WB I 37.   [38]) B 1, 296—297.   [39]) B 1, 297.

[40]) B 2, 59.   [41]) B 1, 183—184.

das unvermeidliche *fatum* bezeichnen; in diesem Verständnis heißt es in der „Lehre des Königs Amenemhet"[42]: „*ij·t* hat mich (sonst noch) nicht überrascht seit meiner Geburt"[43]. Im gleichen Sinne verwendet auch der „Bauer" *ij·t*[44]:

„. . . so wird kein Unheil (*ij·t*) in deinen Mastbaum kommen."

An den übrigen Stellen des „Bauern" findet sich die Bedeutung im Sinne von *culpa*, so in folgendem Wort[45]:

„Die Beamten tun Unrecht (*ij·t*)."

Es ist ganz deutlich, daß sich diese Stelle nicht auf ein passives Erdulden des Kommenden beziehen kann, sondern verbis expressis von einem aktiven Herbeiführen durch Menschen gesprochen wird. Das gleiche gilt für folgende Stellen:

„Wer die Sünde (*iw*) abwehren sollte, tut (selbst) Unrecht (*ij·t*)[46] —
„. . . so wird Unheil (*ij·t*) in deiner Umgebung angerichtet"[47] —
„. . . indem du Unheil (⟨𓏤𓏛𓏛𓈖⟩) ausgießest"[48].

Besonders eindringlich ist der Begriff der *culpa* umschrieben in dem Satz[49]:

„Der Gärtner der Schändlichkeit (*bw ḥwrw*) besprengt sein Beet mit Sünde (*iwj·t*), um sein Beet zu (einem Beet der) Lüge (*grg*) zu machen, um Unrecht (*ij·t*) auf das Landgut auszugießen."

Als Umschreibung für ein nomen agentis zu „Unrecht" findet sich die Formulierung *ꝫw ij·t*, „weit an Unrecht", in dem Satz[50]:

„Wann endlich willst du dich dazu aufraffen, den Übeltäter (*ꝫw ij·t*) abzuwehren?"

Das Wort *ij·t*, dessen Bedeutungsgeschichte sich innerhalb der Blickwendung vom Objektiven auf das Subjektive vollzieht, wurde als ein in seinem ethischen Verständnis noch unbelastetes Wort zu einer bevorzugt gebrauchten Vokabel des „Bauern". Seine dortige Verwendung im Sinne eines Antinyms zur Maat trägt wesentlich bei auch zur Erfassung dieses positiven Terminus als Ausdruck für persönliche ethische Verantwortlichkeit.

Gegen diese Definition von Maat beim „Bauern" spricht nicht die Tatsache, daß das Wort in seiner späteren Verwendung teilweise wieder die geistesgeschichtlich frühere Bedeutung gewinnt, teilweise zu einem rein schematischen Sinn von „Richtigkeit" abfällt. Auf der Tutanchamun-Stele von Karnak[51] findet sich ein besonders prägnantes Beispiel für die Aufnahme

---

[42] 2, 9.
[43] *ij·t* ist hier nicht mit dem „schlechten Vogel" determiniert.
[44] B 1, 57.   [45] B 1, 98.
[46] B 1, 102—103; vgl. auch B 1, 108; B 1, 150.
[47] B 1, 128.   [48] B 1, 154.
[49] B 1, 263—265 = B 2, 18—20.   [50] B 1, 108—109.
[51] Kairo 34183; vgl. Kees, Götterglaube, S. 249; ders., Kulturgeschichte, S. 176; ders., Religionsgeschichtliches Lesebuch, S. 8.

von Ausdrucksweisen im Sinne ihres frühen Verständnisses. Von dem König, der nach der Amarna-Periode die alten Kulte wiederherstellt, heißt es dort: „Er festigte, was an Denkmälern verfallen war, für ewige Dauer (nḥḥ), er vertrieb isf·t („Sünde") aus Ägypten, so daß mꜣˁ·t blieb, grg („Lüge") verabscheut war, und das Land wie in seiner Urzeit war"; d. h. der Schöpfungsordnung entsprechend. Auch die gelegentlich ganz blasse Verwendung des Wortes leitet sich nicht von seinem Gebrauch in der Aufstiegszeit des Mittleren Reiches ab. Bei ihr kann man vielmehr von einer ursprünglichen Bedeutung des verbalen Grundbegriffes mꜣˁ [52]) im Sinne von „sachlich richtig handeln" ausgehen; die gelegentlich erschließbare Spezialisierung von „richtig steuern"[53]) ist hier recht aufschlußreich: ein andersartiges Handeln wäre Torheit.

Der vom „Bauern" vollzogene Bedeutungswandel des Begriffs Maat ist ein weiterer Beweis für seine religiös umwälzende Tätigkeit. Wir haben ihn im Zusammenhang zu sehen mit der religionsgeschichtlich allgemein feststellbaren Tatsache von Sprachreformen, die von religiösen Umwälzungen ihren Ausgang nehmen. Über diese Erscheinung gibt es bislang noch keine systematische Untersuchung. Offenbar sind es nicht allein prophetische Bewegungen, sondern generell religiöse Umwälzungen, die sprachreformerische Tendenzen zeigen. So wurde durch den Koran die hidschazenische Mundart Mekkas als Hochsprache verbreitet, ebenso durch Luthers Bibelübersetzung die sächsische Kanzleisprache.

Aus der ägyptischen Religionsgeschichte bietet die Reform Echnatons das beste Material. Auch bei ihm steht die Maat im Mittelpunkt, und sein Bemühen läuft darauf hinaus, alle Bereiche dieses umfassenden Begriffes in einen Kreuzungspunkt, in seine Person, den König, münden zu lassen[54]). Als Sprachreform der Amarnazeit können wir auch bewußte Veränderungen im hieroglyphischen Schriftbild bezeichnen. Da das Wort für „Mutter" ebenso wie der Name der Göttin Mut, der Gefährtin des verfemten Amun, mit dem Geier geschrieben wurde, änderte Echnaton die Orthographie und ließ das Wort mit Lautbuchstaben schreiben[55]). Die weiterwirkende sprachliche Reform der Amarnazeit aber war, daß unter Echnaton das sogenannte Neuägyptische zur Literatursprache erhoben wurde.

Für die Auseinandersetzung mit einem vorgefundenen numinosen Ordnungsbegriff ist aus außerägyptischen Bereichen u. a. die Geschichte des gelegentlich mit der Maat verglichenen indischen Begriffes r̥ta aufschlußreich[56]). In vedischer Zeit ist r̥ta „ein der Wahrheit übergeordneter Begriff"[57]), "l'expression technique pour désigner l'ordre, l'ordre universel"[58]), ein numinoser Ordnungsbegriff. Im Gegensatz zum „Bauern", der die Maat inhaltlich umdeutet, aber als Wort beibehält, kommt in der indischen Entwicklung, als sich ethische Intentionen durchsetzen, r̥ta zunehmend außer Gebrauch und

---

[52]) Vgl. WB II 23.
[53]) Hermann Junker, Gîza IV, Wien und Leipzig 1940, S. 59f.
[54]) R. Anthes, Die Maat des Echnaton von Amarna, S. 31.
[55]) Heinrich Schäfer, Amarna in Religion und Kunst, Leipzig 1931, S. 22.
[56]) Zum Vergleich von Maat und r̥ta vgl. Bleeker, a.a.O., S. 82ff.
[57]) W. Geiger in: WZKM 1934, S. 108.
[58]) James Darmesteter, Ormazd et Ahriman, Paris 1877, S. 13.

wird durch das bereits gelegentlich im Veda[59]) für ethisch zu fassende Wahrheit verwendete Wort *satya* ersetzt[60]).

Das weitaus bekannteste Beispiel für den sprachreformerischen Charakter religiöser Umwälzungen aber entstammt dem Bereich des Prophetismus; es ist die Sprachreform Zarathushtras[61]). Die unversöhnliche Kluft, die Zarathushtra zwischen der Welt des Guten und des Bösen aufreißt[62]), bedingt sprachliche Veränderungen. Am eindringlichsten zeigt sich das am awestischen Gebrauch des indo-iranischen Wortes für „Gott", das im Indischen *deva* heißt. Als Protest gegen die vorgefundenen Götter eines polytheistischen Pantheons verkehrt das Awesta die Bedeutung der analogen Form *daēva* in das genaue Gegenteil und macht damit das Wort zu einem Begriff für „Dämon, böser Geist". Auf profanem Gebiet werden Synonyme zugunsten des religiösen Zweckes differenziert, und für den gleichen Begriff werden, je nachdem, ob er der ahurischen oder der daēvischen Sphäre zugeordnet wird, völlig verschiedene Wörter gebraucht.

Die ethische Verkündigung des „Bauern" erschöpft sich nicht in einem neuen Verständnis des Zentralbegriffes der Maat, sondern gibt auch kasualethische Anweisungen. Diese betreffen vor allem den sozialethischen Bereich des Schutzes der Witwen und Waisen. Hermann Cohen hat auf das Prophetische dieser Einstellung hingewiesen[63]): „. . . darin besteht der sittliche Vorzug des Prophetismus, daß er den Unterschied von Wohl und Übel nicht an den subjektiven Differenzen, zu denen sogar auch die Krankheit und der Tod selbst gehören, mißt und erwägt, sondern durchaus an den sozialen, an den die Gesellschaft aus ihrem Gleichgewicht reißenden Gegensätzen."

Die prophetische Einstellung gegenüber Witwen und Waisen findet besonders schönen Ausdruck in der Geschichte von Elia und der Witwe[64]). Im ersten Teil dieser Geschichte wird berichtet, wie Elia bewirkt, daß während einer langen Dürre das Mehl im Topfe und das Öl im Kruge einer Witwe nicht abnehmen. Der zweite Teil erzählt, wie Elia den Sohn dieser Witwe wieder ins Leben zurückruft[65]).

Bei dieser generellen Einstellung des Prophetismus auf sozialethischem Gebiet verwundert es nicht, daß Paralleltexte zu Worten des „Bauern" überraschende Übereinstimmungen aufweisen. Der „Bauer" ermahnt Rensi[66]):

> „Du bist der Vater der Waise, der Gatte der Witwe, der Bruder der Geschiedenen, der Schutz der Mutterlosen."

Das gleiche Anliegen vertreten die Propheten Israels; Jesaja sagt[67]): „Wehe denen, die Satzungen voll Unheil setzen, den Schreibern, die Mühsal schreiben

---

[59]) Rgv. III 54,3; X 109,1.

[60]) Heinrich Lüders, Die magische Kraft der Wahrheit im alten Indien, in: ZDMG 98 (1944), S. 1ff.; ders., Varuṇa, Bd. I, Göttingen 1951, S. 14.

[61]) Vgl. Hermann Güntert, Über die ahurischen und daēvischen Ausdrücke im Awesta: Sitz. Ber. Heidelb. Akad. Wiss., phil.-hist. Kl., Jg. 1914, 13. Abh.

[62]) Vgl. Yasna 45,2.   [63]) Cohen, a.a.O., S. 154.

[64]) 1. Kön 17,7—24.   [65]) Vgl. Lk 7,11—17; Joh 4,47—54.

[66]) B 1,62—64.   [67]) Jes 10,1—2.

und schreiben, wegzustoßen vom Gericht den Niedrigen, zu rauben das Recht der Elenden meines Volkes, daß Witwen ihre Beute seien, daß sie Waisenkinder plündern können." Und bei Ezechiel steht das Wort[68]): „Vater und Mutter verachten sie, den Fremdlingen tun sie Gewalt und Unrecht, die Witwen und Waisen schinden sie."

Die Klage über den ungerechten, bestechlichen Richter ist mit solchen Aussagen oft unmittelbar verbunden[69]): „Deine Amtleute sind Aufrührer und Diebesgesindel. Jeder liebt Bestechung und ist hinter Geschenken her. Waisenkindern schaffen sie ihr Recht nicht, die Sache der Witwen gelangt nicht bis zu ihnen." Oder[70]): „Denn ich weiß, daß eure Verfehlungen viel sind und mächtig eure Sünden. Die da befehden den Gerechten, die Bestechung nehmen und die Armen im Tore beiseite stoßen."

Zu solchen prophetischen Worten müssen nun auch die des „Bauern" gestellt werden:

„Der große Herr nimmt von der Herrenlosen und raubt von dem Einsamen"[71]) —
„Denn nicht groß ist der Große, der habgierig (ʿwn ib) ist"[72]).

Den letzten Gedanken enthält auch eine Anrede, die wir ironisch wie auch, was hier wohl eher zutrifft, in paränetischer Intention verstehen können[73]):

„... du Führer, frei von Habgier (ʿwn ib)"[74].

---

[68]) Ez 22,7.				[69]) Jes 1,23.

[70]) Am 5,12; andere bezeichnende alttestamentliche Stellen: Jes. 1,17; Jer 7,6; 21,12; 22,3; Am 2,6—7.

[71]) B 1,92—93.			[72]) B 1,165.			[73]) B 1,65.

[74]) Die kasualethischen Forderungen des „Bauern" stehen im Zusammenhang innerägyptischer Traditionen ethischer Grundsätze und ihrer Formulierungen, deren Einzeluntersuchung Gegenstand einer Geschichte der ägyptischen Ethik sein müßte (vgl. vorläufig Rudolf Anthes, Lebensregeln und Lebensweisheit der alten Ägypter, Leipzig 1933). Auf bezeichnende Zeugnisse des für die Einordnung des Prophetismus im Rahmen der ägyptischen Religionsgeschichte wichtigen Fortlebens einer verinnerlichten Gesinnungsethik ist unten S. 110ff. hingewiesen worden: auf den Geist der „Lehre für König Merikarē", auf die ethischen Konfessionen der Grabsteine und die in ihnen zum Ausdruck gebrachte Norm, auf das negative Sündenbekenntnis im 125. Kapitel des Totenbuches, das, obwohl es der funerären Sphäre angehört, doch das Weiterwirken prophetischer Ideale für die Diesseitsgestaltung beweist, schließlich auf die Aufnahme der vom „Bauern" geforderten Grundsätze in den staatlichen Bereich, wofür die Texte über die Einsetzung des Veziers beweiskräftig sind. In den beiden aus dem späteren Neuen Reich stammenden Weisheitslehren des Anii (A. Volten, Studien zum Weisheitsbuch des Anii, Kopenhagen 1937—1938) und des Amenemope (H. O. Lange, Das Weisheitsbuch des Amenemope, Kopenhagen 1925) werden die Gebote der Milde gegenüber Fremden und Witwen in charakteristischer Weise wieder aufgenommen: „Iß nicht Brot, wenn ein anderer Mangel leidet und du ihm nicht die Hand mit dem Brote reichst" (Anii 7,3; vgl. Erman, Religion, S. 299; Anthes, a.a.O., S. 27); „Laß nicht einen Mann zurückbleiben bei der Überfahrt über den Fluß, wenn du dich breit machst in der Fähre" (Amenemope 26,16—17); „Finde nicht eine

m) Die Gottesidee

Erst nach der Betrachtung der ethischen Forderungen, die ganz im Mittelpunkt der Verkündigung des „Bauern" stehen, erhebt sich die Frage nach dem prophetischen Charakter der sakralen Fundierung dieses ethischen Anspruchs. Bei den alttestamentlichen Propheten wie auch bei Mohammed ist die Rückführung ihrer Forderungen auf einen monotheistischen Gott völlig deutlich. Hermann Cohen schrieb — mit einer zutreffenden Polemik gegen die

---

Witwe, wenn du sie auf den Feldern (bei unberechtigter Ährenlese?) ertappst und nicht darauf bestehen mußt, sie zur Verantwortung zu ziehen (?); weise nicht einen Fremdling von deinem Kruge ab, (sondern) mehre ihn (d. h. seine Habe) an erster Stelle vor deinen Hausgenossen. Gott liebt mehr den, der den Geringen erfreut, als den, der den Angesehenen ehrt" (Amenemope 28; vgl. Anthes, a.a.O., S. 30).

Der Traditionsstrom der ägyptischen Ethik ist aber nicht allein für die Nachfolgezeit des „Bauern" zu verfolgen, sondern reicht zurück vor seine Epoche; ein umfassendes Dokument für die ethischen Anschauungen in der 6. Dyn. des Alten Reiches bietet die Inschrift des Gaufürsten Pepinacht (Urk I 132). Die in ihr enthaltene Formulierung: „Ich gab Brot dem Hungrigen, Kleider dem Nackten" ist bezeichnend für die damalige Zeit: „Daß man ‚dem Hungrigen Brot und dem Nackten Kleider gibt', ist allgemeine Forderung; auch daß man einen Untergebenen nicht denunziert habe und sich besonders der Witwen und Waisen angenommen habe, scheinen uns Versicherungen einer schönen und verständlichen Menschlichkeit" (Eberhard Otto, Ägypten, 2. Aufl., S. 68; vgl. ferner: J. Spiegel, Totengericht, S. 27; H. Junker, Pyramidenzeit, S. 57; Erman, Religion, S. 159).

Trotz mancher auffälligen Parallelen zu den ethischen Prinzipien des „Bauern" dürfen diese doch keineswegs als eine schematische Wiederaufnahme früheren Gedankengutes verstanden werden. Denn aus der Umwandlung des Begriffes der Maat beim „Bauern" ergibt sich die grundlegende Wendung zu einer reinen Gesinnungsethik. Ihr gegenüber muten die moralischen Grundsätze des Alten Reiches utilitaristisch an, wobei freilich das Utilitätsprinzip, dessen Maßstab der Erfolg ist, weder egoistisch noch altruistisch oder sozial in unserem Sinne ist, sondern eingebettet bleibt und damit wesentlich bestimmt wird durch eine universistische Weltansicht (vgl. E. Otto, a.a.O., S. 69; vgl. auch oben S. 75f.). Ein wichtiges Charakteristikum hierfür ist, daß der Zweifel an der Gerechtigkeit der irdischen Zustände noch unbekannt bleibt (vgl. H. Brunner in: Handbuch der Orientalistik, I. Abt., I. Bd., 2. Abschn., S. 99). Der Erfolg des richtigen Handelns bestimmt daher nicht allein den Tenor der hierhin gehörenden Äußerungen, sondern der Hinweis auf ihn kann direkt als Begründung der Forderungen genannt werden. Das ist in charakteristischer Weise am Schlusse der folgenden Stelle des Ptahhotep (Pap. Prisse 9,13—10,5) der Fall: „Willst du, daß dein Wesen gut werde und du dich vor allem Bösen befreiest, so hüte dich vor der Habgier; denn es ist ein schlimmes, unheilbares Leiden. Vertrautheit ist bei ihr nicht möglich. Den süßen Freund macht sie bitter, den Vertrauten trennt sie von dem Herrn, Vater und Mutter macht sie böse, samt den Brüdern der Mutter, und sie verstößt die Frau eines Mannes. Sie ist ein Bündel von allerlei Bösem und ein Sack von allerlei Tadelswertem. Bestand hat nur der Mann, dessen Richtschnur das Recht ist und der nach seinem rechten Gange geht. Er erwirbt dabei ein Vermögen, der Habgierige dagegen bleibt ohne Grab" (H. Junker, a.a.O., S. 58f.; vgl. Erman, Literatur, S 93; Anthes, a.a.O., S. 11f.).

Übersetzung von Jer 10,10 durch Kautzsch[1]) — folgendes[2]): „..., Aber der
Ewige ist ein Gott der Wahrheit, er ist ein lebendiger Gott und ewiger König.'
Kautzsch übersetzt: ‚Jahve ist jedoch wahrhaftig Gott.' Nicht allein daß die
Wortstellung diese Übersetzung unrichtig macht, wird sie auch dem Sinn
dieses mächtigen Satzes nicht gerecht, der nicht nur die Wahrheit des ewigen
Gottes von dem nichtigen Tand der kunstvollen Götzenbilder unterscheidet,
sondern auf Grund dieser Wahrheit, dieser wahrhaften Realität auch die Ver-
bindung zwischen Gott und Leben begründet ... Der Talmud hat den Satz
geprägt: ‚Das Siegel des Heiligen, gelobt sei er, ist Wahrheit' (Sabb 55a)."
Diese Sätze Cohens können für die zahlreichen Zeugnisse des israelitischen
Prophetismus stehen, wo ethische Forderungen auf den Willen des monotheistischen Gottes zurückgeführt werden. Der entscheidende Akzent liegt
auf der Einzigkeit Gottes; einem polytheistischen Pantheon eignet nicht diese
Ausschließlichkeit des sittlichen Forderns.

Damit erhebt sich die Frage, ob im Hinblick auf die Gottesidee nicht der
Vergleichsmöglichkeit zwischen dem ägyptischen Stoff und außerägyptischen
Zeugnissen des Prophetismus Grenzen gesetzt sind. Die Geschichte des Gottes-
bildes in Israel und in Ägypten ist unterschiedlich verlaufen, die unmittelbare
Ausgangssituation der prophetischen Bewegungen in beiden religiösen Bereichen scheint jedoch Ähnlichkeiten in der Gottesanschauung aufzuweisen.
Der lange vor der Zeit der alttestamentlichen Propheten liegende Eintritt in
die Verehrung des Jahwe vom Sinai bedeutete das Bekenntnis zu der uni-
versalen monotheistischen Gottesverkündigung des Mose. Im Wesen und in den
sittlichen Forderungen Jahwes ist ein Universalitätsanspruch enthalten; der
Jahwe von Sinai ist „kein bloßer Volksgott, sondern Völkergott"[3]), ein Gedanke, den in der Mosezeit vor allem Ex 32,30ff. zum Ausdruck bringt und
den in besonders schroffer Formulierung der Prophet Amos[4]) wieder auf-
nimmt. Auch die Begriffsbestimmung des Namens Jahwe[5]): אֶהְיֶה אֲשֶׁר אֶהְיֶה.
(„Ich bin, der ich bin"), auf dessen eventuelles ägyptisches Gegenstück
wn(n)·j wn·kwj Alt[6]) gelegentlich, wenn auch nicht unwidersprochen[7]), hingewiesen hat, scheint, ob wir nun hierin einen Ausdruck für Beständigkeit,
Lebensfülle und Ewigkeit Gottes oder für den Deus absconditus zu sehen
haben[8]), in jedem Falle einen exklusiven Monotheismus zu bestätigen. Aber
mit der Landnahme der Israeliten in Palästina tritt ein Bruch ein. Auf dem
Landtag zu Sichem[9]), wo das Zwölf-Stämme-System begründet und diese
Stämme um ein im Lande gelegenes Heiligtum zentriert werden, setzt Josua
die nationale Jahwereligion an die Stelle des mosaischen Universalismus;

---

[1]) Die Stelle heißt im Hebräischen: וַיהוָֹה אֱלֹהִים אֱמֶת . Zwischen אֱלֹהִים und
אֱמֶת liegt kein Konstruktusverhältnis vor.

[2]) a.a.O., S. 486f.

[3]) Georg Beer, Exodus (Handbuch zum AT I,3), Tübingen 1939, S. 157.

[4]) Am 9,7.   [5]) Ex 3,14.

[6]) Albrecht Alt, Ein ägyptisches Gegenstück zu Ex 3,14, in: ZAW 17 (1940—
1941), S. 159.

[7]) Vgl. Theodor Christian Vriezen, 'Ehje 'ašer 'ehje, in: Festschrift Alfred
Bertholet, Tübingen 1950, S. 498—512.

[8]) Vgl. Beer, a.a.O., S. 29.   [9]) Jos 24.

Jahwe wird in Sichem als אֱלֹהֵי יִשְׂרָאֵל, als „der Gott Israels" verehrt[10]).
Hinzu treten die polytheistischen Einflüsse der neuen, kulturell überlegenen
kanaanäischen Umwelt[11]). Auf ihrem Hintergrund erst wird die an Mose
und die Wüstenzeit anknüpfende prophetische Bewegung voll verständlich,
wenn sie Jahwe als Gott aller Völker verkündigt. — Auch für Mohammeds
Offenbarungen ist die Ausgangssituation, das polytheistische Arabien, ebenso
deutlich wie seine monotheistische Prophetie, die ihren bündigsten Ausdruck
in dem Einheitsbekenntnis der 112. Sure gefunden hat:

> „Sprich: Allah ist Einer, Allah ist der Herr.
> Er hat nicht gezeugt
> und ist nicht gezeugt worden
> und hat keinen bekommen, der ihm ebenbürtig ist."

Die Situation, die der „Bauer" in der Aufstiegszeit des Mittleren Reiches
vorfindet, ist derjenigen der Propheten nicht unähnlich. Sie ist gekennzeichnet
durch den in Ägypten niemals überwundenen Polytheismus, aber auch dadurch, daß gerade in jener Epoche die in der ägyptischen Religion nachweis-
baren monotheistischen Tendenzen[12]) gut bezeugt sind. Charakteristisch
hierfür ist der singularische Gebrauch des Appellativums *nṯr* („Gott")[13]), der
Rückgriff auf den Urgott Atum, die Bevorzugung von negativen und immate-
riellen Götternamen, vor allem des Schu („Leere"), von dessen spirituellem
Wesen man sich damals offenbar angezogen fühlte[14]).

Der „Bauer" ist wohl in diese Bewegung einzuordnen. Wenn er[15]) als ein

„schönes Wort, das aus dem Munde des Rē selbst kommt",

den Ausspruch verkündet:

> „Sprich die Maat, tue die Maat; denn sie ist groß, sie ist mächtig, sie ist
> dauernd",

---

[10]) Jos 8,30; 24,2.23; vgl. Gen 33,20; vgl. Martin Noth, Geschichte Israels,
nach der 3. Aufl., Berlin 1956, S. 90; Hermann Gunkel, Genesis, S. 369.

[11]) Vgl. Gustav Hölscher, Geschichte der israelitischen und jüdischen Religion,
Gießen 1922, S. 69.

[12]) Vgl. Eberhard Otto, Monotheistische Tendenzen in der ägyptischen Religion,
in: Die Welt des Orients 2 (1955), S. 99—110. — Hermann Junker, Pyramidenzeit,
und: Die Götterlehre von Memphis: Abh. Berl. Akad. 1939, phil.-hist. Kl. Nr. 23,
Berlin 1940, hat auf frühe Nachweise für ägyptischen Monotheismus hingewiesen.
— Zum Verhältnis des ägyptischen Synkretismus zu einem ideellen Monotheismus
vgl. Hans Bonnet in: ÄZ 75 (1939), S. 40ff.

[13]) So im „Schiffbrüchigen" (vgl. G. Lanczkowski in: ZDMG 103 [1953], S. 369)
und in der „Lehre für König Merikarē": „Dem hohen Ethos der Lehren liegt eine
große und reine Auffassung von der Gottheit zugrunde ... Der Gott ist nur einer ..."
(H. Junker, Pyramidenzeit, S. 178; vgl. Alexander Scharff, Der historische Abschnitt der Lehre für König Merikarē: Sitz. Ber. Bayr. Akad. Wiss., phil.-hist. Abt.
Jg. 1936, Heft 8, S. 13 Anm. 5). Auf den gleichen Gebrauch im Sinuhe hat bereits
Erman in: ÄZ 43 (1906), S. 1—26, Abschnitt o, hingewiesen.

[14]) Vgl. CT Sp. 75—85.   [15]) B 1,318—321 = B 2,83—86.

so ist damit die Frage nach dem sakralen Bezug der ethischen Forderung beantwortet. Mit Rē verbanden sich monotheistische Tendenzen[16]), und auf
die Möglichkeit, daß er gerade in der Aufstiegszeit des Mittleren Reiches als
ferner, transzendenter Gott verstanden werden konnte, deutet eine in den
Sargtexten[17]) und im 17. Totenbuch-Kapitel nachweisbare Stelle[18]) ebenso
wie die Erzählung im „Buch von der Himmelskuh", die berichtet, daß Rē alt
geworden sei und sich von seiner Schöpfung zurückgezogen habe. Das Wort
des „Bauern" enthält also eine „klar ausgesprochene Beziehung der Gerechtigkeit auf Gott"[19]).

Dabei ist es inhaltlich von untergeordneter Bedeutung, ob man bei dem
schönen Wort des Rē auf die Anführung einer Sentenz oder irgendeines
Zitates schließen will[20]). Aber wahrscheinlich ist diese unbewiesene, rein hypo-
thetische Vermutung deshalb nicht, weil es prophetischem Geiste eher ent-
sprechen würde, das „schöne Wort, das aus dem Munde des Rē selbst kommt"
der bei den israelitischen Propheten in typischer Weise unzählige Male wieder-
holten Formulierung: „So spricht Jahwe" zur Seite zu stellen. Ein solches Verständnis, das die sprachliche Formung des Wortes von der Maat als ein Werk
des „Bauern" und kein benutztes Zitat ansieht, läßt die Pointe dieser Stelle,
die prophetische Verkündigung der göttlichen Gewolltheit des Wortes von der
Maat, viel betonter hervortreten. Sicher ist, daß das Wort in jedem Falle
menschliche Verhaltensweisen in typisch prophetischem Verständnis als Realisation göttlichen Anspruchs fordert.

Auf Grund der Bedeutung, die somit der Rē-Glaube für den „Bauern" hat,
ist es nicht unwahrscheinlich, daß auch unter dem an anderer Stelle des Textes[21])
genannten „Herrn der Maat" (nb mꜣꜥ·t) Rē zu verstehen ist, wenn sich auch
Vogelsang[22]) für Thot ausspricht. Es fragt sich aber, ob die gelegentlich in den
Worten des „Bauern" vorgenommene Identifikation des Rensi mit Thot nicht
eher darauf hinweist, daß im Texte überhaupt Thot nicht als Gott eines polytheistischen Pantheons zu fassen ist, sondern vielmehr als mythologische Me-
tonymie für Maat. Diesen Gebrauch von Gottesnamen in der Aufstiegszeit
des Mittleren Reiches, der ebenfalls auf monotheistische Tendenzen hinweist,
bestätigt der Satz des Ipu[23]): „Chnum schafft nicht mehr", womit lediglich die
Tatsache des Aufhörens der Geburten ausgedrückt wird. Auch mit der in der
11. Dynastie belegbaren Selbstbezeichnung als eines „Thot im Gericht"[24])
ist allein in besonders prononcierter Weise auf die Gerechtigkeit und Urteils-
kraft des Autobiographen hingewiesen. Beim „Bauern" lautet der voll-
ständige Text der zitierten Stelle[25]):

---

[16]) Breasted, Development, S. 170f.; Junker, Pyramidenzeit, S. 178; ders.,
Gīza II, S. 52; Scharff, Merikarē, S. 13, Anm. 5.

[17]) CT IV 283.

[18]) E. Otto, Die Ätiologie des „großen Katers" in Heliopolis, in: ÄZ 81 (1956),
S. 65f.

[19]) J. Spiegel, Die Idee vom Totengericht, S. 28.

[20]) Vogelsang, a.a.O., S. 216.   [21]) B 1,304 = B 2,70.

[22]) a.a.O., S. 210f.   [23]) Adm. 2,4.

[24]) R. O. Faulkner, The Stela of Rudjꜥaḥau, in: JEA 37 (1951), S. 49.

[25]) B 1,303—306 = B 2,69—72.

,,Tue die Maat für den Herrn der Maat, dessen Maat die (rechte) Maat
besitzt.
Du Schreibrohr,
du Buchrolle,
du Palette,
du Thot,
du bist (doch) fern vom Unrechttun.
Du Guter, du bist (doch) gut, du Guter, du bist (doch) wirklich gut"[26].

n) Eschatologische Aussagen

Unter dem Aspekt des Rē-Glaubens stehen auch die individualeschatologischen Aussagen des ,,Bauern"; der im Hinblick auf ethische Forderungen
ausgesprochene Gedanke eines ,,respice finem" klingt in diesen prophetischen
Texten ebenso an wie in solchen, die, wie die ,,Lehre für König Merikarē" und
das ,,Gespräch des Lebensmüden", wohl zumindest teilweise unter dem Einfluß der prophetischen Bewegung der Aufstiegszeit des Mittleren Reiches gestanden haben werden. In ihnen ist das ,,Jenseits . . . keine Fortsetzung des
Diesseits, sondern ihm entgegengesetzt und es nach höherem Maßstab korri-
gierend. Erst dadurch aber ist der Gerechtigkeitsbegriff zu einer absoluten
ethischen Norm von überzeitlicher Geltung geworden"[1].

---

[26]) Die zitierte Stelle ist vielleicht noch in anderen religionsgeschichtlichen Zu-
sammenhängen aufschlußreich. Die ehrenden Prädikate der Anrede klingen an die
Worte B 1,65ff. an:

> ,,Der Führer — frei von Habgier,
> der Große — frei von Niedrigkeit,
> der die Lüge zerstört,
> der die Maat erschafft,
> der auf die Stimme des Rufenden kommt."

Für diese Stelle hat H. Ranke, ÄZ 79 (1954), S. 72f., eine freie literarische Ge-
staltung der ägyptischen Königstitulatur wahrscheinlich gemacht. Sehen wir in
B 1,303ff. ,,Schreibrohr", ,,Buchrolle", ,,Palette" und ,,Thot" als die vier ersten
Glieder und den schweren Schluß: ,,Du bist fern vom Unrechttun" als fünftes
Glied einer in sich geschlossenen Aussage an, so ergäbe sich ein weiterer Beleg
für eine literarische Gestaltung der Königstitulatur. Selbst wenn die noch folgende
Aussage dazu gerechnet werden müßte und das Fünfgliederschema überschritten
wäre, spräche dies nicht unbedingt gegen eine freie literarische Gestaltung und
Zuordnung von Prädikaten, die im Anschluß an die Königtitulatur gebildet sind.
Religionsgeschichtlich wichtig sind diese Fragen, weil Gerhard von Rad in: ThLZ 72
(1947), Sp. 213ff., und Albrecht Alt, Jesaja 8,23—9,6. Befreiungsnacht und Krö-
nungstag, in: Festschrift Alfred Bertholet, S. 29ff., auf das Vorbild der ägyptischen Königstitulatur für Jes 9,5f. hingewiesen haben. Bei der Anregung für
israelitische Formulierungen brauchen wir nicht mit dem seit dem MR starren
offiziellen Schema der Titulatur zu rechnen, sondern können das Vorbild in freieren
ägyptischen Formulierungen sehen, vgl. S. Morenz in: ÄZ 79 (1954), S. 73f.

[1]) J. Spiegel, Die Idee vom Totengericht, S. 34.

Mit einem Hinweis auf das Totengericht ist ein ethischer Imperativ verbunden in der Stelle[2]):

> „Wenn die Lüge (*grg*) fortgeht, so verirrt sie sich und fährt nicht mit der Fähre über ... Wer mit ihr im Schiffe fährt, der erreicht nicht das Land, und seine Barke landet nicht an ihrer Landungsstätte.“

Das Überfahren mit der Fähre ist ein Bild für den Eintritt ins Totenreich und das Bestehen vor dem dort zu erwartenden Gericht. Bereits der königliche Tote des Alten Reiches wird nach den Pyramidentexten von dem Fährmann gefragt[3]): „Welche Fähre soll ich dir bringen?“ Ptahhotep macht die Feststellung[4]): „Es findet seine Strafe, wer die Gesetze übertritt ... Niemals vermag das Unrecht zu bewirken, daß seine Sache glücklich landet.“ Im 99. Totenbuch-Kapitel, dem „Spruch für das Bringen der Fähre“[5]), ist die Begegnung zwischen dem Toten und dem Fährmann zum dramatischen Gespräch entwickelt. Auf einer Stele im Britischen Museum wird der Wunsch ausgesprochen[6]): „... er möge den Ehernen überqueren.“ Auf einer Kopenhagener Stele wünscht sich ein Renseneb aus der 13. Dynastie[7]): „... eine glückliche Überfahrt“. Das durchweg gebräuchliche Bildschema hat Hermann Grapow erläutert[8]): „Auf glatte und sichere Landung kam es nicht nur bei gewöhnlichen Fahrten an, sondern vor allem auch bei der letzten Fahrt des Menschen, wenn sein Totenschiff an der Gräberstadt auf dem Westufer landen sollte. So bekam das Wort dafür (*mnj*), das zuweilen noch deutlich als ‚landen‘ ‚beim Totengott‘, ‚an der Totenstadt‘ gedacht und gebraucht ist, allmählich die Bedeutung von ‚sterben‘: man sprach vom ‚Tag des Landens‘, d.h. des Todes oder des Begräbnisses.“

Die schönste Stelle des „Bauern“ für die Verbindung von Ethik und Individualeschatologie führt als „die Regel der Gottesworte“[9]) an[10]):

> „Die Maat aber währt bis in Ewigkeit (*r nḥḥ*). Sie steigt mit dem, der sie tut, zur Nekropole hinab. Er wird in den Sarg gelegt und zur Erde bestattet; (aber) sein Name wird auf Erden nicht weggewischt und man gedenkt seiner wegen des Guten.“

---

[2]) B 2,98—103.
[3]) Pyr. 494a; vgl. auch H. Kees, Das alte Ägypten, S. 51.
[4]) Spruch 4, nach J. Spiegel, Das Werden der altägyptischen Hochkultur, S. 459.
[5]) Urk V 145f.; Kees, Totenglauben, S. 112ff.; Sethe in: ÄZ 54, S. 1ff.
[6]) Brit. Mus. Stel. I 49—51.   [7]) AEIN 964.
[8]) Hermann Grapow, Die bildlichen Ausdrücke des Ägyptischen. Vom Denken und Dichten einer altorientalischen Sprache, Leipzig 1924, S. 152.
[9]) B 1,311 = B 2,76. Vogelsang, a.a.O., S. 212f., vermutet, daß *mdw-nṯr*, „Gottesworte“, möglicherweise der Titel eines Buches sei, dessen Verfasserschaft dem Gotte Thot zugeschrieben werde. Aber weder läßt sich ein direkter Beleg hierfür beibringen noch ist aus der Bezeichnung *mdw-nṯr* (vgl. Sir Alan Gardiner, Egyptian Grammar, 2. Aufl., London 1950, S. 1), die auch allgemein „Hieroglyphen“ bedeuten kann, mit Sicherheit hierauf zu schließen. Wahrscheinlicher ist auch hier, daß die sprachliche Formulierung seiner Gedanken ein Werk des „Bauern“ und ihre Anführung als „Regel der Gottesworte“ dem „So spricht Jahwe“ der israelitischen Propheten analog ist.
[10]) B 1,307—310 = B 2,72—76.

Daß das Bestehen im Totengericht nach dem Wertmaßstab der Maat als ethischer Größe erfolgt, spricht eindeutig für eine Aussage im Sinne der Rē-Religion, die mit ihren ethischen Motiven im Gegensatz steht zur magischen Sphäre des osirianischen Totengerichts[11]). Die Maat ist dagegen die Schöpfungsordnung des Rē[12]), und auch das seit Beginn des Mittleren Reiches jedem im Totengericht gerechtfertigten Menschen beigelegte Prädikat *mꜣꜥ-ḫrw* (,,wahr an Stimme'', ,,gerechtfertigt'') gehört ursprünglich zur Vorstellung der Rechtfertigung vor Rē[13]).

Angesichts des für die Aufstiegszeit des Mittleren Reiches kennzeichnenden Nebeneinander der unterschiedlichen Vorstellungen osirianischer Religiosität und des Rē-Glaubens[14]) muß gefragt werden, ob das Bekenntnis zur Rē-Religion im ,,Bauern'' eine antiosirianische Intention enthalte. An einer Stelle des Textes ermahnt *Dḥwtj-nḫt* den ,,Bauern''[15]):

> ,,Schrei nicht so laut, Bauer, du bist an der Stelle des Herrn der Ruhe (*nb sgr*)!''

Unter dem ,,Herrn der Ruhe'' (*nb sgr*) ist sicher ein Totengott, wahrscheinlich Osiris zu verstehen[16]). Und es ist aufschlußreich, daß der ,,Bauer'' sich nicht im geringsten an diese Mahnung kehrt.

Problematisch ist, ob auch die Predigt am Tempel des Harsaphes[17]) antiosirianische Motive deutlich werden läßt. Daß die Predigt am Tempel dieses Gottes eine gewisse Mißachtung seines Kultes darstellt, ist wohl unbestritten. Aber fraglich ist, welche Bedeutung für den ,,Bauern'' und seine Zeit der Gott Harsaphes zwischen den Polen der Rē- und der Osiris-Religion hat[18]). Für die spätere Zeit sind Verbindungen des Harsaphes mit Amun deutlich; aus Mangel an zeitgenössischen Urkunden ist es weit schwerer, für die Aufstiegszeit des Mittleren Reiches Verbindungen des Harsaphes mit Rē, bzw. mit Osiris, klar zu erkennen. Aber in der Aufstiegszeit des Mittleren Reiches überwog gerade im Kult die Angleichung an Osiris[19]). Lepsius sah übrigens in Harsaphes nur eine Form des Osiris[20]). So ist es nicht unwahrscheinlich, auch

---

[11]) J. Spiegel, Die Idee vom Totengericht, S. 19f.; H. Junker, Die Osirisreligion und der Erlösungsgedanke (Internationale Woche für Religions-Ethnologie, IV. Tagung), Paris 1926.

[12]) Bleeker, a.a.O., S. 37ff.

[13]) J. Spiegel, Die Idee vom Totengericht, S. 43.

[14]) H. Kees, Totenglauben und Jenseitsvorstellungen der alten Ägypter, 2. Aufl., Berlin 1956, S. 230.

[15]) B 1,26—27 = R 76—77.

[16]) Gardiner, Admonitions, S. 103; G. Lanczkowski, Reden und Schweigen im ägyptischen Verständnis, vornehmlich des Mittleren Reiches, S. 190. — Das gegensätzliche Verhältnis des Lautseins (*kꜣj ḫrw*) zum Hause des Herrn der Stille (*pr nb sgr*) findet sich in gleich prägnanter antithetischer Formulierung auch Urk. IV 1031; vgl. Hermann Grapow, Sprachliche und schriftliche Formung ägyptischer Texte (Leipziger Ägyptologische Studien, Heft 7), Glückstadt 1936, S. 28.

[17]) Vgl. S. 58ff.

[18]) Von S. Morenz ist Harsaphes als ursprünglicher Lotos-Gott nachgewiesen worden; vgl. S. Morenz und J. Schubert, Der Gott auf der Blume, Ascona 1954.

[19]) H. Kees, Der Götterglaube im alten Ägypten, S. 319.

[20]) R. Lepsius in: ÄZ 15 (1877), S. 19.

in dieser Szene des „Bauern" antiosirianische Motive erblicken zu können und damit die Verbindung zu Rē bekräftigt zu sehen.

Mit erheblichen Schwierigkeiten verbunden ist es, Anhaltspunkte zu gewinnen für eine Beantwortung der Frage, ob sich die Verkündigung des „Bauern" auf dem Hintergrund jenes oben (S. 16f.) als typisch prophetisch gekennzeichneten teleologischen Geschichtsbildes erhebt. Die Schwierigkeit ist vor allem darin begründet, daß die ägyptische Sprache, in der wohl am häufigsten auf der Welt der Begriff der „Ewigkeit" niedergeschrieben ist[21], hierfür zwei verschiedene Wörter, *nḥḥ* und *ḏ·t*, besitzt, die zudem sehr oft in Analogie der für Konkreta gebräuchlichen hamitischen Ausdrucksform der Polarität[22] im Sinne eines komplementären Dualismus[23] einander zur Ausdrucksverstärkung und zur Erfassung der Ganzheit zugeordnet werden, während die indogermanischen Sprachen hierfür den Gebrauch eines Genitivs mit einem gleichstämmigen Wort vorziehen[24]. Die Wörter *nḥḥ* und *ḏ·t* können im Gegensatz zu antithetischen Begriffspaaren des geographischen und politischen Bereichs von uns in ihrer Verbindung miteinander oft nur als bloße Verdoppelung desselben Begriffes, also synonym verstanden werden, und sie sind offenbar streckenweise in der ägyptischen Sprachgeschichte auch so gebraucht worden. Jedoch würden zwei Vokabeln für die gleiche Sache von einer Sprache weder gebildet, noch, wenn sie ihr aus verschiedenen Herkunftsbereichen überkommen sein sollten, beibehalten sein, läge ihnen nicht ein unterschiedliches Verständnis zugrunde. Eine Klärung des Unterschiedes kann nur im Zusammenhang einer monographischen Untersuchung aller ägyptischen Zeitbegriffe erfolgen. Die früheren Untersuchungen[25] haben kein einheitliches

---

[21] Vgl. Kees, Totenglauben, S. 7; 2. Aufl. S. 4.

[22] Vgl. Abschn. 2a Anm. 49.   [23] Vgl. Abschn. 2a Anm. 50.

[24] Vgl. Hans Oertel, Zum altindischen Ausdruckstypus *satyasya satyam*, „das Wahre des Wahren" = „die Quintessenz des Wahren": Sitz. Ber. Bayr. Akad. Wiss., phil.-hist. Abt. Jg. 1937, Heft 3. — Bezeichnend ist auch das titulare „König der Könige" der Achämeniden (vgl. Peter Julius Junge, Dareios I., Leipzig 1944, S. 16; Eduard Meyer, Geschichte des Altertums, Bd. IV, 4. Aufl. hrsg. von Hans Erich Stier, Stuttgart 1944, S. 22), das als indogermanische Ausdrucksform den Titel „König der Gesamtheit" aufgreift, den sich zuerst Šamši-Adad I. (1748—1716) beilegte (vgl. H. Schmökel, Geschichte des alten Vorderasien: Handbuch der Orientalistik II,3, Leiden 1956, S. 97). — Für die vorliegenden Zusammenhänge sind besonders wichtig die Ausdrucksformen: εἰς τὸν αἰῶνα τοῦ αἰῶνος, εἰς τοὺς αἰῶνας τῶν αἰώνων, in saecula saeculorum. — Zum alttestamentlichen Ewigkeitsbegriff vgl. Johannes Schmidt, Der Ewigkeitsbegriff im Alten Testament (Alttestamentliche Abhandlungen, Heft 5) Münster i. W. 1940.

[25] Kurt Sethe, Übersetzung und Kommentar zu den altägyptischen Pyramidentexten, Bd. II, Glückstadt o. J., S. 170; G. Thausing, Die Ausdrücke für „ewig" im Ägyptischen, in: Mélanges Maspero I, S. 35—42; Heinrich Schäfer, Leben, Ewigkeit und ägyptische Kunst: Nachr. Gött. Akad. Wiss., phil.-hist. Kl. Jg. 1944, Nr. 5, S. 108; Abd-el-Mohsen Bakir, *Nḥḥ* and *ḏt* reconsidered, in: JEA 39 (1953), S. 110f. — Hellmut Brunner, Der Zeitbegriff der Ägypter, in: Studium Generale 8 (1955), S. 584—590, behandelt vor allem den Unterschied zwischen mythischem und historischem Verständnis der Vergangenheit. Vgl. auch: S. Morenz, Ägyptische Ewigkeit des Individuums und indische Seelenwanderung, in: Asiatica. Festschrift Friedrich Weller, Leipzig 1954, S. 414—427.

Ergebnis gezeitigt[26]). Nehmen wir jedoch als wahrscheinlich an, daß das Wort $ḏ·t$[27]), das mit den gleichlautenden Wörtern für „Gut, Stiftungsgut, Totenstiftung"[28]) und für „Leib"[29]) verwandt ist, die Dauer und das Unveränderliche bezeichnet, das Wort $nḥḥ$[30]) aber die Endlosigkeit der Zeit[31]), so ist deutlich, daß sich allein $nḥḥ$ zur Kennzeichnung einer mit einem Eschaton hereinbrechenden duratio noumenon[32]) eignen würde. Diese Vermutung wird sprachgeschichtlich bestätigt dadurch, daß $ḏ·t$ in der jüngsten Sprachstufe des Ägyptischen, im Koptischen, nicht erhalten blieb, wohl aber $nḥḥ$, das mithin zum Ausdruck christlichen Zeitverständnisses verwendbar war. Damit ist deutlich, daß sich innerhalb des ägyptischen Sprachmaterials allein $nḥḥ$ zum Ausdruck für einen prophetischen Zeitbegriff eignete.

Aufschlußreich ist nun, daß der „Bauer" für „Ewigkeit" durchweg das Wort $nḥḥ$ gebraucht, während sich $ḏ·t$ bei ihm nur in den Bedeutungen von „Landgut"[33]) und „Leibeigenschaft"[34]) findet. Dabei ist in der vorhin zitierten „Regel der Gottesworte"[35]) die „Ewigkeit" individualeschatologisch verstanden; es widerspricht, was am eindeutigsten die parsistischen Jenseitsvorstellungen lehren, durchaus nicht prophetischer Anschauung, eine doppelte Eschatologie des Individuums und des Universums anzunehmen. In der gegen Schluß des Textes auf die versöhnlichen Worte Rensis folgenden Stelle[36]):

„Da leistete dieser Bauer einen Eid, indem er sagte:
Ich werde von deinem Brot essen und (von) deinem (Bier) trinken bis in Ewigkeit"

scheint, auch wenn wir den Ausdruck „bis in Ewigkeit" ($r\ nḥḥ$) im Sinne von „immer" auffassen[37]), der Gedanke einer fortschreitenden, eindimensionalen Zeit enthalten zu sein[38]). Voll deutlich ist teleologisches, prophetisches Geschichtsverständnis aber in dem Drohwort[39]):

---

[26]) Eine ägyptische Begriffsbestimmung, die sich in der MR-Glosse zu Tb. cap. 17, Abschn. 8 (Naville Zeile 13—14, Lepsius Zeile 9—11) findet („Die $nḥḥ$-Ewigkeit ist der Tag, die $ḏ·t$-Ewigkeit ist die Nacht") ist uns noch nicht völlig verständlich.

[27]) WB V 507.   [28]) WB V 510.   [29]) WB V 503.

[30]) WB II 299ff. Das Verbum $ḥḥj$, „suchen" (WB III 151), wird mit $nḥḥ$ in Zusammenhang stehen. Auch eine (Niphal-)Bildung mit n-Präfix (vgl. P. Montet, le préfixe n en égyptien, in: Sphinx 14 (1910), S. 201—230) zu $ḥḥ$, „Million, sehr große Zahl" (WB III 152; vgl. Sethe, Amun, S. 64) ist wahrscheinlich und legt, gerade in Wunschformeln für den König, den inhaltlichen Vergleich mit jap. *banzai*, „zehntausend, unendlich viele (Jahre)", nahe.

[31]) Eberhard Otto, Ägyptische Zeitvorstellungen und Zeitbegriffe, in: Die Welt als Geschichte 1954, S. 145; ähnlich jetzt auch: Ursula Schweitzer, Das Wesen des Ka im Diesseits und Jenseits der alten Ägypter (Ägyptologische Forschungen, Heft 19), Glückstadt 1956, S. 88 Anm. 70.

[32]) Vgl. Rudolf Eisler, Kant-Lexikon, Berlin 1930, S. 150.

[33]) B 1,265 = B 2,20.   [34]) R 40 = Bt 21 = A 7.

[35]) B 1,307—310 = B 2,72—76.   [36]) B 2,124—126.

[37]) Vogelsang, a.a.O., S. 230.

[38]) Zur Stelle vgl. auch: John A. Wilson, The Oath in Ancient Egypt, in: JNES 7 (1948), S. 142.

[39]) B 1,145.

„Hüte dich (und denke daran), daß die Ewigkeit herannaht"[40].

Das Wort *tkn*, „herannahen", schließt zweifelsfrei eine Wiederholung des Gleichen aus und verweist auf das Kommen eines zeitlich anderen. Auch die Frage[41]:

„Wirst du nicht ein Mann der Ewigkeit (*s n nḥḥ*)[42] sein?"

scheint prophetisch gemeint zu sein und auf die Existenzweise in einer durchaus anderen Zeitlichkeit hinzuweisen.

---

[40] Auch Vogelsang, a.a.O., S. 126, verweist auf den besonderen Sinn, in dem hier das Wort „Ewigkeit" gebraucht wird und vergleicht mit Recht Siut III 39: „Er hat nicht die Ewigkeit vor sein Antlitz gestellt, er hat nicht auf die Zukunft geschaut."

[41] B 1,95.

[42] Zu analogen Bildungen mit *s n* . . ., die im MR häufig sind, vgl. Kurt Sethe, Der Name Sesostris, in: ÄZ 41 (1904), S. 46f.

4. Politische Propaganda oder messianische Prophetie?

Die Begriffe der politischen Propaganda und der messianischen Prophetie scheinen auf den ersten Blick absolute Gegensätze darzustellen und nur mit „oder" verbunden werden zu können. Denn Politik ist ein Geschäft dieses Äons, und ihre Propaganda steht im Dienste säkularer Mächte. Messianische Prophetie aber ist die Ankündigung dessen, was aller Politik ein Ende bereitet und sich ihren Gesetzen entzieht: die Voraussage eines wunderbaren und übernatürlichen Eingriffs in alle bestehenden irdischen und damit unvollkommenen Ordnungen, einer endgültigen Manifestation des Eingreifens Gottes in die Geschichte, der Herbeiführung des Eschaton dieses Äons.

Trotzdem stehen sich politische Propaganda und Prophetie in der Sache durchaus nicht so fern. Seitens der Politik folgert dies aus der Tatsache, daß jeder Staat, vor allem auf dem Gebiete seiner rechtlichen Satzungen, einer sakralen Legitimation bedarf. So muß er auch in den Methoden seiner Propaganda Formen wählen, die er der religiösen Sphäre entleiht. Er tut dies, aufs ganze gesehen, in zweifacher Weise. Einmal mit einem auswählenden Rückgriff auf die Vergangenheit, dem die Schau auf die Anfänge und göttlichen Setzungen zugrunde liegt. Es gibt wohl keine politische Anschauung, die nicht eine solche Ahnensuche ihrer Ideale betriebe[1]. Aber nicht nur beim Rückblick auf die Vergangenheit nähert sich die politische Propaganda dem religiösen Denken, sondern auch im Hinblick auf die Zukunft. In der Form der Utopie findet sich auf politischem Gebiet die stärkste und konsequenteste Anwendung eines prophetischen Schemas[2].

Nimmt somit die Politik in ihrer Propaganda Angleichungen an prophetische Aussagen vor, so nähert sich auch der Prophetismus, obwohl seine Verkündigung kein irdisches Wunschbild zum Inhalt hat, sondern den transzendenten Eingriff in die Immanenz, doch am stärksten unter allen religiösen Äußerungen dem politischen Bereich. Andere Formen des religiösen Lebens, der Kult, das Gebet, die mystische Frömmigkeit, stellen viel stärker abgegrenzte Sonderbezirke von Religion, gewollte Ausklammerungen aus dem säkularen Leben dar. Prophetie aber entzündet sich gerade an den sozialen und politischen

---

[1] Vgl. Arthur Hübscher, Die Jagd nach dem Ahnherrn, in: Zeitwende 1949, S. 279 ff.

[2] Romano Guardini, Der Heilbringer in Mythos, Offenbarung und Politik, Stuttgart 1946; vgl. ferner: Gerhard Ritter, Machtstaat und Utopie, München 1940; W. J. Aalders, Toekomstbeelden uit vijf eeuwen, Groningen 1939; Hans Freyer, Die politische Insel. Eine Geschichte der Utopien, 1936; Arthur Hübscher, Die große Weissagung, München o. J.; Paul Tillich, Die politische Bedeutung der Utopie im Leben der Völker, Berlin 1951.

Mißständen ihrer Zeit in einer Weise, die zum aktiven Handeln, zum Eingriff drängt.

Aber es gibt noch einen zweiten Grund für eine Annäherung der Prophetie an die Politik. Er besteht darin, daß der Prophet, wenn er ein göttliches Eingreifen verkünden will, sich als Mensch dieses Äons notwendigerweise der Sprache und der Anschauungsformen dieser Welt bedienen muß. Will er das Kommen des Wunderbaren, das eschatologische mirum beschreiben, so wählt er vorwiegend das Bild der Herrschaft eines endzeitlichen Königs, der ein Reich des Friedens und der Gerechtigkeit mit sich bringen wird. Der Terminus, den wir für diesen Herrscher bis heute gebrauchen, ist zumindest teilweise dem staatlichen Bereich verhaftet, es ist der „Gesalbte": מָשִׁיחַ, der Messias [3]).

Für die Aufstiegszeit des Mittleren Reiches müssen in besonderem Maße Zusammenhänge politischen und religiösen Denkens angenommen werden. Denn wenn diese Epoche auch mit dem Zusammenbruch der Weltanschauung des Alten Reiches eingeleitet wird, so steht sie doch in der ägyptischen Tradition eines Denkens, für das staatliche Verpflichtungen zur Religion gehörten. Deshalb verwundert es nicht, in den beiden im vorliegenden Zusammenhang wichtigsten Texten, die bereits oben (S. 64f.) im Hinblick auf eine Vermenschlichung des Königtums erwähnt werden mußten, politische mit religiösen Verkündigungen verbunden zu sehen und in ihnen typisch prophetische Aussageformen anzutreffen.

Das gilt zunächst für die Weissagung des Neferti [4]). Die Rahmenerzählung verlegt den Vortrag dieser Weissagung in die Zeit des Königs Snofru aus der 4. Dynastie. Der Text schreibt diesem König den Wunsch nach einem Menschen zu, „der mir einige schöne Worte sagen wird, auserlesene Sprüche, die zu hören meine Majestät erfreut" [5]). Mit ganz ähnlichen Worten begrüßt dann Snofru den Neferti und fordert ihn zum Reden auf [6]). Diese Wertung des Redens in höfischen Kreisen [7]) spricht deutlich für eine spätere Abfassungszeit des Textes [8]).

Das gleiche gilt vom Inhalt der Verkündigung des Neferti. Sie erhebt sich auf dem Hintergrund von Erfahrungen, deren historischer Charakter erkannt

---

[3]) Hugo Greßmann, Der Messias, S. 1 ff.; zur Geschichte des Titels im Christentum: Wilhelm Bousset, Kyrios Christos, 4. Aufl., Göttingen 1935.

[4]) W. Golénischeff, Les papyrus hiératiques N⁰ N⁰ 1115, 1116 A et B de l'Ermitage Impérial à St. Pétersbourg, 1913, S. 6 ff. (es handelt sich um den Papyrus 1116 B); zur Namensform „Neferti": G. Posener in: Revue d'Égyptologie 8 (1951), S. 174; vgl. die Inhaltsskizze bei: Eberhard Otto, Weltanschauliche und politische Tendenzschriften, in: Handbuch der Orientalistik I, 2, Leiden 1952, S. 116; Übersetzungen: Adolf Erman, Die Literatur der Ägypter, S. 151 ff.; von Bissing, Altägyptische Lebensweisheit, S. 140 ff.; Gardiner in: JEA 1 (1915), S. 100—106; Wilson bei: Pritchard, Ancient Near Eastern Texts, S. 444—446.

[5]) Zeile 7 f.   [6]) Zeile 13 ff.

[7]) Bezeichnend für die Hochschätzung der Rede ist auch die prophetische Äußerung des Neferti (Zeile 49 f.): „Eine Rede ist für das Herz wie Feuer, und man erträgt nicht, was ein Mund äußert." S. Hermann, Untersuchungen zur Überlieferungsgestalt mittelägyptischer Literaturwerke, S. 23, bezeichnet die Stelle als „beinahe ‚prophetisches' Wort", ohne diese Einschränkung zu begründen.

[8]) Vgl. G. Lanczkowski, Reden und Schweigen, S. 191.

ist, und ihre neuartige Schau des Kommenden beweist ein verändertes Geschichtsbild[9]): „Was nie (vordem) geschehen ist, ist geschehen." In ähnlicher
Weise, wie es in den Worten des Ipu der Fall war, schildert der erste Teil der
Rede des Neferti Not, Elend und Unordnung des Landes. In einem zweiten
Teil spricht Neferti von der Zukunft[10]): „Ein König wird von Süden kommen,
der Ameni heißt, der Sohn einer Frau aus Nubien und gebürtig aus Oberägypten. Er wird die weiße Krone nehmen und wird die rote Krone tragen;
er wird die beiden Mächtigen (Diademe) vereinigen und wird die beiden Herren
(Horus und Seth) erfreuen mit dem, was sie lieben . . . Freuet euch, ihr Menschen seiner Zeit. Der Sohn eines (angesehenen) Mannes wird sich einen Namen
machen für alle Ewigkeit (*r nḥḥ ḥnꜥ ḏ·t*). Die Böses tun wollen und Feindliches
erdenken, die haben aus Furcht vor ihm ihren Mund niedergeworfen. Die
Asiaten werden vor seinem Gemetzel fallen, und die Libyer werden vor seiner
Flamme fallen. Die Feinde gehören seinem Ansturm und die Empörer seiner
Macht. Die Königsschlange, die an seiner Stirn ist, die beruhigt ihm die Empörer. Man wird die „Mauer des Herrschers" bauen und die Asiaten nicht wieder
nach Ägypten herabziehen lassen. Sie betteln (wieder) um Wasser, wie es ihre
vorgeschriebene Art ist, damit sie ihr Vieh tränken können. Die Maat wird
(wieder) an ihre Stelle kommen, und die Sünde (*isf·t*) ist hinausgejagt. Es
freue sich, wer dieses sehen wird und wer dann dem Könige dienen wird."

Der Text hat ganz den Charakter einer prophetischen Vorhersage im Sinne
der Verkündigung eines messianischen Herrschers. Für die Zeit nach dem
Zusammenbruch des Alten Reiches, deren Schrecken einleitend geschildert
werden, ist das daraufhin entworfene Bild eines neuen Königs der große
Wunsch für die Zukunft. Dieser König soll, so wie es Neferti prophezeit, die
staatliche Macht Ägyptens wiederherstellen. Die wiedergewonnene Machtstellung des Landes setzt voraus, daß seine Grenzen gesichert sind und bereits
die Furcht vor dem Könige die Asiaten und andere Fremdvölker, die in der
Zeit der Wirren ins Land gedrungen waren, in Schach hält; das sind Qualitäten eines Herrschers, wie sie auch in der späteren Entwicklung des Mittleren
Reiches die Kahun-Hymnen auf Sesostris III. preisen[11]).

Der prophetische Charakter des Textes wird nicht in Frage gestellt durch
die konkreten Angaben, die er in bezug auf die Herkunft des Herrschers aus
dem Süden und auf die Nennung seines Namens Ameni enthält. Unter „Ameni"
versteht man allgemein eine Kurzform für „Amenemhet" („Amun ist an der
Spitze") und deutet den Text auf die Thronbesteigung des Dynastiegründers
der 12. Dynastie, Amenemhets I.[12]). Damit liegt die Möglichkeit nahe, daß
mittels einer ex eventu-Prophetie nachträglich die Machtergreifung eines an
sich illegitimen Herrschers sanktioniert werden sollte. Aber in diesem politischen Verständnis wäre die Wahl der prophetischen Aussage gerade ein
sehr beredtes Zeugnis für Kenntnis und Existenz zeitgenössischer Prophetien.

---

[9]) Zeile 39.   [10]) Zeile 57 ff.
[11]) F. Ll. Griffith, Hieratic Papyri from Kahun and Gurob, London 1898,
Taf. I—III u. S. 1—3; Hermann Grapow, Der Liederkranz zu Ehren König
Sesostris des Dritten, in: MIO 1 (1953), S. 189 ff.
[12]) Vgl. E. Otto, Ägypten. S. 118; Torgny Säve-Söderbergh, Ägypten und
Nubien, Lund 1941, S. 63 f.; H. Junker, Geschichte Ägyptens, S. 88.

7

Eine fingierte Prophetie nämlich setzt das Vorhandensein echter voraus, weil sie sich an eine Öffentlichkeit wendet, die für Prophetie ein Vorverständnis besitzt, ohne das deren propagandistische Verwendung wirkungslos bleiben müßte.

Doch ist der Text nicht allein ein indirektes Indiz für das Vorhandensein messianischer Prophetien in damaliger Zeit, sondern er hat in zweifacher Hinsicht ein noch bedeutenderes religiöses Gewicht. Einmal ist zu beachten, daß, ausdrücklich unterstrichen durch die Nennung des Namens Ameni, die zukünftige Herrschaft einer Dynastie angekündigt wird, die in charakteristischer Weise an einen bestimmten Gott gebunden ist, den bis dahin durchaus nicht sehr bedeutungsvollen, aber mit der 12. Dynastie in Theben zur Herrschaft kommenden Gott Amun[13]). Die Aussage über den Herrscher einer glücklicheren Zeit ist also in prophetischer Weise mit dem Blick auf eine religiöse Neugestaltung verbunden.

Diese religiöse Zielsetzung des Textes wird noch in einer anderen Weise deutlich, auf die Posener[14]) hingewiesen hat. Die Ausführungen des Neferti nämlich gipfeln in der Verkündigung, daß der kommende Herrscher die Maat wiederherstellen werde.: "la phrase contient une comparaison entre le roi sauveur et le dieu créateur qui a mis fin à la confusion originelle et a organisé l'univers."

Ähnliche Beobachtungen einer religiösen Relevanz können auch am prophetischen Teil der Märchen des Papyrus Westcar[15]) gemacht werden, der die Voraussage der Geburt der künftigen Könige der 5. Dynastie enthält. Die Rahmenerzählung verlegt den Bericht in die Zeit des Königs Cheops. Doch sprechen zwei Anzeichen für die Aufstiegszeit des Mittleren Reiches als Entstehungszeit des Textes. Das ist einmal die Tatsache, daß jener Weise und Zauberer, der den Anfang der 5. Dynastie vorhersagt, der in der Aufstiegszeit des Mittleren Reiches auffällig hervortretenden Klasse des $n\underline{d}\acute{s}$[16]) angehört. Zum anderen ist es ein deutliches Zeichen für die humanitäre Gesinnung eben dieser Epoche, daß dieser $n\underline{d}\acute{s}$ bei jenen Kunststücken, die er zunächst dem König vorführt, ein Experimentieren mit Menschen ablehnt.

Wie in der Weissagung des Neferti, so handelt es sich auch hier um ex eventu-Prophetie; im Papyrus Westcar wird ja noch die Geburt jener drei

---

[13]) K. Sethe, Amun und die acht Urgötter von Hermopolis; H. Kees, Götterglaube, S. 344ff. — Amun ist Schöpfer- und Fruchtbarkeitsgott. Möglicherweise steht sein Name in Zusammenhang mit dem libyschen Wort für „Wasser", $am\bar{a}n$; vgl. Georg Möller, Ägyptisch-lybisches, in: OLZ 24 (1921), Sp. 193ff.

[14]) G. Posener, Littérature et politique, S. 57f.

[15]) Adolf Erman, Die Märchen des Papyrus Westcar, Berlin 1890; Erman, Literatur, S. 72ff.; Lefebvre, a.a.O., S. 70ff.

[16]) Bei dem Worte $n\underline{d}\acute{s}$ wird allgemein von einer Grundbedeutung „klein" ausgegangen, aus der sich die von „Bürger" im Sinne eines soziologischen Gegensatzes zum $\acute{s}r$ („Edler") entwickelt habe; verhältnismäßig bald wird $n\underline{d}\acute{s}$ als ehrende Bezeichnung gebraucht. Es kann vermutet werden, daß dem Worte, das auch in beiden Parabeln des Ba im „Lebensmüden" (vgl. Scharff, Bericht über das Streitgespräch eines Lebensmüden, S. 34) und im „Schiffbrüchigen" verwendet wird, zumindest zeitweise auch eine religiöse Nuance eigen war; hierfür spricht vielleicht der allerdings erst spät (vgl. WB II 385f.) belegte Gebrauch von $n\underline{d}\acute{s}\cdot tjw$ für „göttliche Wesen" und $n\underline{d}\acute{s}\cdot tj$ als Beiname des Osiris.

Söhne des Sonnengottes Rē als der künftigen Herrscher der 5. Dynastie berichtet. Aber auch hier erschöpft sich die religionsgeschichtliche Bedeutung
des Textes nicht mit einem Hinweis auf ein Vorverständnis für Prophetie und
damit auf die Existenz dieser religiösen Erscheinung. Wie in der Weissagung
des Neferti der theophore Bestandteil des Namens Ameni eine selbständige
religiöse Intention des Textes ausdrückt, so im Papyrus Westcar die Vater-
schaft des Sonnengottes Rē für die drei ersten Herrscher der 5. Dynastie.
Diese Verknüpfung religiöser Veränderungen mit dem Antritt einer neuen
Herrschaft kann als prophetisch angesprochen werden. Denn wesentlich hierfür
ist die religiöse Intention und nicht die Erfüllung des Tatbestandes einer
Vorhersage[17]). Es ist gewiß allein das monotheistische Erbe Israels, das die
Anführung genau entsprechender Paralleltexte ausschließt. Aber die oben
(S. 65) zitierte Stelle aus Jesaja[18]), das Wort des Propheten vor Ahas, atmet
den gleichen Geist.

---

[17]) Vgl. oben S. 9ff.   [18]) Jes 7, 13—16.

5. Eschatologische Prophetie

In der Aufstiegzeit des Mittleren Reiches, und offenbar nur in ihr[1]), hat es auch außerhalb des „Bauern" literarische Aussagen über das Ende dieses Äons gegeben. Sie erfüllen den Tatbestand der Prophetie bereits in deren rein äußerlichem Verständnis als Vorhersage. Vor allem aber bezeugt die eschatologische Perspektive eine teleologische Geschichtsschau, die zum Wesen des Prophetismus gehört[2]). Im Zusammenhang mit dem Ende des kyklischen Weltbildes des Alten Reiches konnte bereits auf Texte verwiesen werden, in deren Aussagen das Eschaton als Möglichkeit gedacht wird[3]): im „Buch von der Himmelskuh" befiehlt Rē zunächst die Vernichtung des Menschengeschlechts[4]), und in den Reden des Ipu wird angesichts der katastrophalen Wirren der Zeit der Wunsch nach dem Ende laut[5]).

Den umfassendsten eschatologischen Text bietet der zweite Abschnitt des 175. Kapitels des Totenbuches[6]). Dort tritt Osiris als Fragender vor den Urgott Atum. Die wichtigsten Wechselreden zwischen beiden Göttern sind folgende:

(Osiris fragt:) „O Atum, was soll es, daß ich in eine Wüste hinziehen muß? Sie hat doch kein Wasser, sie hat doch keine Luft, sie ist sehr tief, völlig dunkel und grenzenlos!

(Atum:) Du wirst dort in Glück leben[7]).

(Osiris:) Aber in ihr kann man keine Liebesfreuden finden.

(Atum:) Ich habe Verklärtheit gegeben an Stelle des Wassers, der Luft und der Lust, und Seligkeit an Stelle von Brot und Bier.

---

[1]) Helck-Otto, Kleines Wörterbuch der Aegyptologie, S. 406f.; G. Lanczkowski, Eschatology in Ancient Egyptian Religion, in: Proceedings of the IXth International Congress for the History of Religions (Tokyo and Kyoto 1958), Tokyo 1960, S. 129—134.

[2]) Vgl. oben S. 16f.   [3]) Vgl. oben S. 40f.

[4]) Charles Maystre, Le livre de la vache du ciel, in: BIFAO 40 (1941), S. 53—115.

[5]) Adm. 12,2—3; vgl. oben S. 41; vgl. auch Adm. 5,14—6,1.

[6]) E. Naville, Das ägyptische Todtenbuch, Berlin 1886ff., Kap. 175; ders., The Book of the Dead, Chapter CLXXV, in: PSBA 1904, S. 81ff.; W. Budge, Papyrus of Ani, London 1895, Kap. 175; E. Schiaparelli, Relazione sui lavori della Missione Archaeologica Italiana in Egitto, Bd. II, Turin 1923ff.; Übersetzungen u. a. bei: H. Kees, Religionsgeschichtliches Lesebuch, 2. Aufl., Heft 10: Ägypten, Tübingen 1928, S. 27f.; ders., Totenglauben und Jenseitsvorstellungen der alten Ägypter, S. 306f.; Wilson bei Pritchard, Ancient Near Eastern Texts, S. 9; vgl. G. Lanczkowski in: ZRGG 5 (1953), S. 222—231.

[7]) ḥtp; zur Übersetzung: H. Junker, Pyramidenzeit, S. 159.

(Osiris:) Wie schlecht geht es mir, wenn ich dein Angesicht nicht schaue[8]).

(Atum:) Ich dulde nicht, daß du Mangel leidest. Jedem Gott ist sein Sitz in der Barke der Millionen zugewiesen. Dein Platz aber gehört deinem Sohne Horus[9]).

(Osiris:) Wird er aber auch deinen Thron beherrschen?

(Atum:) Er wird den Thron in der Feuerinsel erben.

(Osiris): Wie steht es nun mit der Lebenszeit?

(Atum:) Du wirst länger als Millionen von Millionen Jahre sein. Ich aber werde alles, was ich schuf, zerstören. Die Erde wird wieder als Urozean erscheinen, als Wasserflut in ihrem Anfangszustand. Ich bin das, was übrigbleibt — zusammen mit Osiris — nachdem ich mich wieder in eine Schlange verwandelt habe, die kein Mensch kennt und die kein Gott sieht."

Die bisherige Interpretation berücksichtigte allein die individualeschatologischen Aussagen und folgte damit dem Verständnis der Ägypter späterer Zeiten, die den Text, als Bestandteil des Totenbuches, unter der Überschrift „Spruch zur Verhinderung des nochmaligen Todes in der Unterwelt" nur auf die Unsterblichkeit des Einzelmenschen bezogen. In der Tat sind die individualeschatologischen Aussagen, die den ersten Teil des Textes ausmachen, äußerst bedeutsam. Osiris vertritt in ihnen die nach dem Zusammenbruch des Alten Reiches skeptisch gewordene Haltung des Individuums angesichts des Todesproblems[10]). Als Vertreter des sterblichen Menschen schildert Osiris dem Gotte Atum das düstere Bild eines Schattenreiches, dem die irdischen Lebensbedingungen fehlen. Osiris, die einzige mythische Gestalt, der die Substrate der Zeitlichkeit anhaften, tritt mithin als Totengott auf[11]); im eigenen mythischen Geschick verkörpert er ja die Gesetzmäßigkeit des Sterbens, aber auch des sich im ewigen Kreislauf erneuernden Lebens. Aber gerade die Charakterisierung des Osiris als eines Vegetationsgottes würde die im vorliegenden Gespräch erhobene Fragestellung absurd erscheinen lassen, wenn sie nicht auf dem Hintergrund einer Weltanschauung gestellt wäre, die in der Ansicht eines naturhaften Kreislaufs des Werdens und Vergehens keinen Halt mehr gegenüber dem Todesproblem findet, die also nicht mehr kyklisch orientiert ist. Diese deutliche Abwendung von einem kyklischen Weltbild ist das Gemeinsame der Textaussagen in bezug auf Individual- und Universaleschatologie.

---

[8]) Dieser Satz ist vollständig erhalten nur in der ältesten Version des Textes aus der Tomba intatta dell' architetto Cha (s. Schiaparelli, a.a.O.); die späteren Handschriften begnügen sich mit dem fragmentarischen Satz: „Und dein Angesicht schauen?"

[9]) Diese Übersetzung, die drei Sätze, die von früheren Bearbeitern als Wechselrede verstanden wurden, zusammenfassend dem Atum in den Mund legt, lehnt sich an eine noch unpublizierte Wiedergabe durch Joachim Spiegel an, dessen Freundlichkeit ich die Benutzungsmöglichkeit verdanke.

[10]) Vgl. oben S. 43ff.

[11]) Zu der Verbindung des Osiris mit dem abydenischen Totengott Chenti-Imentiu vgl. Eduard Meyer, Die Entwicklung der Kulte von Abydos und die sogenannten Schakalsgötter, in: ÄZ 41 (1904), S. 97ff. — Der andere Aspekt des Osiris ist der des Herrschergottes.

Die individualeschatologische Frage beantwortet Atum mit der Verkündigung einer Todesüberwindung in verklärter Unsterblichkeit. Während das Alte Reich die Güter des irdischen Lebens in den Tod retten wollte[12]), verkündet Atum eine vergeistigte Unsterblichkeit, wie sie zuerst in jener Zeit bekannt und damals in Sargtexten in folgender Weise zitiert wurde[13]): „Ich habe Verklärtheit gesetzt an Stelle von Geschlechtlichkeit, Herzensweite an Stelle von Herzensbegierde, Herzensruhe an Stelle von Brotessen." In dem Zitat der Sargtexte ist die mit dem Totenbuch-Gespräch völlig gleiche antithetische Intention noch straffer geformt und betont den Gegensatz zwischen dem Herkömmlichen und dem Neuen in der Jenseitsanschauung in pointierter Weise durch das ägyptische Wortspiel zwischen „Herzensweite" (ꜣw·t-ib) und Herzensbegierde (iwt-ib)[14]).

Zwischen der individualeschatologischen Verkündigung und den universaleschatologischen Aussagen des Textes stehen Sätze über die lange Dauer dieser Zeitlichkeit und die Weiterführung des Herrscheramtes durch den Gott Horus. Im Zusammenhang des Textes scheinen sie in durchaus logischer Weise die Frage der Diesseitsgestaltung angesichts eines veränderten Weltbildes zu beantworten. Die Verkündigung transzendenter Seinsmöglichkeiten konnte die Sinnerfülltheit irdischen Handelns in Frage stellen; der „Lebensmüde", der sich aus religiösen und ethischen Motiven im Feuer verbrennen will, zeigt dies wohl am deutlichsten. Den vorliegenden Text dürfen wir demgegenüber wohl im Sinne eines Dennoch der Tat verstehen; offenbar will er die Fortsetzung des Königsamtes fordern und überhaupt die Bedeutung irdischen Wirkens herausstellen. Ein neues Geschichtsethos, wie es dann in der Haltung der 12. Dynastie zum Ausdruck kommt, scheint hier anzuklingen.

Der dritte Abschnitt des Gesprächs behandelt die Universaleschatologie. Die Aussagen sind zugespitzt auf Atum und sein Handeln am Weltende[15]). Wie eine großartige Exposition seines eigenen, „Schöpfung und Chaos in Urzeit und Endzeit"[16]) umspannenden Namens klingt diese universaleschatologische Verkündigung: denn „Atum" ist ja unvollendet im Sinne des ungestalteten Chaos und vollendet im Sinne des gestalteten Kosmos; auch ein Sargtext bezeichnet ihn in dieser Weise als „den noch nicht Vollendeten, der sich vollendet"[17]). Als solcher verkündet Atum die endgeschichtliche Rückkehr zu seiner vorweltlichen Existenz: er wird sich wieder in die verborgene Tiergestalt der Schlange, des Drachens (ḥfꜣw) verwandeln, der auf einer Insel lebt, dem Urhügel[18]) in den chaotischen Wassern des Nun. Damit führt Atum im eschatologischen Handeln die ganze Zeitlichkeit zu ihrem Ausgangspunkt zurück.

---

[12]) Vgl. z. B. Pyr. 507—510. [13]) CT III 82—83.

[14]) Vgl. E. Otto, Der Vorwurf an Gott, S. 15 Anm. 8.

[15]) Daß dem Osiris ewige Dauer zugesprochen wird, ist im Zusammenhang nicht sinnvoll und vielleicht als späterer Einschub anzusehen.

[16]) Vgl. Hermann Gunkel, Schöpfung und Chaos in Urzeit und Endzeit, 2. Aufl., Göttingen 1921.

[17]) CT II 174; vgl. H. Kees in: Orientalia 20 (1951), S. 96.

[18]) Vgl. Adriaan de Buck, De Egyptische Voorstellingen betreffende den Oerheuvel, Diss. Leiden 1922.

Die Andeutung eines möglichen Eschaton findet sich auch im ersten Teil des 175. Totenbuch-Kapitels, dem „Gespräch zwischen Atum und Thot"[19]), in dem ethische Motive anklingen, die denen im „Buch von der Himmelskuh" verwandt sind:

> (Atum fragt:) „O Thot, was soll nun gegen die Kinder der (Himmels-göttin) Nut geschehen? —: sie sind feindselig geworden, sie haben Auf-ruhr angerichtet, sie haben Empörung getrieben, sie haben Gewalttat verübt, sie haben Gefangenschaft verursacht und sie haben ferner in allem, was ich schuf, Großes zu Kleinem gemacht. Gehe kräftig vor, Thot — so sprach Atum.
>
> (Thot:) Du sollst kein Unrecht ansehen, du sollst es nicht dulden. Ihre Jahre sollen schnell ausgehen und ihre (letzten) Monate nahen, da sie die Ordnung von allem, was du schufst, gestört haben."

In der „Geschichte des Schiffbrüchigen"[20]) klingen an zwei Stellen eschato-logische Gedanken an. Der Schlangenkönig (ḥfꜣw) einer „Punt" genannten Insel[21]), den wir aus äthiopischer Tradition als Numen der Frühzeit des ak-sumitischen Bereiches kennen[22]), erzählt einem schiffbrüchigen Ägypter vom vergangenen Geschick auf seiner Insel, von einem herabfallenden Stern, der Vernichtung verursachte und alle seine Genossen tötete[23]). Außerdem sagt er über die Zukunft der Insel voraus[24]):

> „Wenn du dich aber von dieser Stätte trennst, siehst du diese Insel niemals wieder, die (wieder) zur Flut wird."

Als universaleschatologische Aussage ist dieser Satz vor allem deshalb zu verstehen, weil seine Zukunftsverkündigung die Wiederherstellung des Ur-zustandes zum Inhalt hat: der Vorgang der Weltentstehung aus dem Urhügel, dessen Vorstellung der puntischen Insel angeglichen scheint, wird in der End-zeit rückgängig gemacht durch das Versinken in den Urwassern. Deutlich erkennbar ist das Gesetz aller eschatologischen Vorstellungen[25]): ἰδοῦ ποιῶ τὰ ἔσχατα ὡς τὰ πρῶτα.

Sogar die säkulare Sphäre wurde vom eschatologischen Denken der Epoche beeinflußt. Auf den Felsinschriften von Hatnub behauptet ein Fürst dieser Zeit, offenbar um seine Bedeutung zu betonen, die einzig im Untergang er-halten gebliebene Urschlange zu sein[26]).

---

[19]) Übers. H. Kees, Religionsgeschichtliches Lesebuch, S. 27; vgl. u. a. Wilson bei Pritchard, a.a.O., S. 9.

[20]) Adolf Erman, Die Geschichte des Schiffbrüchigen, in: ÄZ 43 (1906), S. 1—26; G. Lanczkowski in: ZDMG 103 (1953), S. 360—371, und ZDMG 105 (1955), S. 239—260.

[21]) Vgl. G. Lanczkowski, Art. „Aethiopia", in: Jahrbuch für Antike und Christentum 1 (1958), S. 134ff.

[22]) Enno Littmann, La leggenda del dragone di Aksum in lingua tigrai, in: Rassegna di Studi Etiopici 6 (1947), S. 42ff.

[23]) Zeile 125—132.   [24]) Zeile 153—154.

[25]) Ep. Barn. 6, 13; vgl. auch: Ernst Ludwig Dietrich, שוב שבות. Die endzeitliche Wiederherstellung bei den Propheten (Beihefte zur ZAW, Heft 40), Gießen 1925.

[26]) Rudolf Anthes, Die Felsinschriften von Hatnub (Untersuchungen zur Geschichte und Altertumskunde Ägyptens, Bd. 9), Leipzig 1928, gr. 26 (S. 61).

6. Der Ausgang der prophetischen Bewegung

Die Erscheinung des ägyptischen Prophetismus scheint beschränkt zu sein auf die Aufstiegszeit des Mittleren Reiches. Bot allein jene Epoche die geistesgeschichtlichen Voraussetzungen für das Aufkommen prophetischer Strömungen[1]), so dauerte in der Folgezeit der geistige Höhenflug, den sie zweifellos darstellen, nicht in voller Stärke fort, und auch rückläufige Tendenzen sind deutlich feststellbar. Als vorübergehende Erscheinung der ägyptischen Religionsgeschichte ist der Prophetismus e silentio bezeugt durch die Tatsache, daß das umfassendste literarische Dokument dieser Bewegung, die Reden des „Bauern", nach dem Ende der Aufstiegszeit des Mittleren Reiches aus dem Gebrauch kommt und sich keine Spur einer Verwendung des Textes in den Schulen der späteren Zeit gefunden hat[2]). Die dem teleologischen Denken der Prophetie eigene Vorstellung einer eschatologischen Weltvernichtung scheint ebenfalls nur in der Aufstiegszeit des Mittleren Reiches aktuell gewesen zu sein[3]); sehr bezeichnend ist, daß die universaleschatologischen Aussagen des 175. Totenbuch-Kapitels offenbar in späterer Zeit nicht mehr als solche gewürdigt und nur auf die Unsterblichkeit des Einzelmenschen bezogen wurden[4]).

Aufschlußreich ist auch die Frage nach der Person des Propheten. Sehen wir von Deuterojesaja ab, dessen Anonymität sich am leichtesten erklärt, wenn wir die Schärfe seiner antibabylonischen Haltung mit dem historisch wahrscheinlichen Umstand in Verbindung sehen, daß er selbst zu den Exilierten in Babylon gehörte[4a]), so ist für alle anderen Prophetien charakteristisch, daß hinter ihnen die Einzelpersönlichkeit eines verantwortlichen Sprechers steht: „Anonymität und Prophetsein bedeutet ja eigentlich einen Wider-

---

[1]) Vgl. oben S. 48.

[2]) Adolf Erman und Fritz Krebs, Aus den Papyrus der Königlichen Museen, Berlin 1899, S. 47.

[3]) Helck-Otto, Kleines Wörterbuch der Ägyptologie, S. 406f.

[4]) Vgl. oben S. 102.

[4a]) Vgl. Martin Noth, Geschichte Israels, zitiert nach der 3. Aufl., Berlin 1956, S. 272; Artur Weiser, Einleitung in das Alte Testament, Stuttgart 1939, S. 160f. — Diese politische Begründung ist wahrscheinlicher als die Annahme, daß der Name des Propheten völlig zurückgetreten sei gegenüber der allein im Vordergrund stehenden Botschaft: Hans Wilhelm Hertzberg, Der Zweite Jesaja, Leipzig und Hamburg o. J., S. 8. — Für Gustav Hölscher, Geschichte der israelitischen und jüdischen Religion, Gießen 1922, S. 122, ist Deuterojesaja „kein eigentlicher Prophet mehr, sondern nur noch ein Deuter der Geschichte, ein Prediger und Tröster der Frommen ...".

spruch"[4 b]). Die persönliche Autorität, die einen wesentlichen Teil der Offenbarungsreligion ausmacht, wird von ihr durchaus als solche anerkannt[4c]). Das trifft für Zarathushtra und Mohammed zu. Die israelitisch-jüdische Religion hat ebenso die einzelnen Propheten, und zwar deren Vielheit, die das Neue Testament gleichfalls anerkennt[4d]), als historisch notwendig betrachtet[4e]). Julius Wellhausen hat die innere Notwendigkeit dieser Erscheinung klar formuliert[4f]): ,,Das gehört zum Begriffe der prophetischen, der echten Offenbarung, daß Jahwe, über alle ordnungsgemäße Vermittlung hinweg, sich dem Individuum mitteilt, dem Berufenen, in welchem der geheimnisvolle und unzergliederbare Rapport energisch wird, worin die Gottheit mit dem Menschen steht. Losgetrennt vom Propheten, in abstracto, gibt es keine Offenbarung; sie lebt in seinem gottmenschlichen Ich. Eine Synthese scheinbarer Widersprüche entsteht dadurch: das Subjektive im höchsten Sinn, erhaben über alle Satzungen, ist das in Wahrheit Objektive, das Göttliche.''

Daß uns der ägyptische Prophetismus lediglich vom ,,Bauern'' und von Neferti die Namen und einige wenige Angaben überliefert, im übrigen aber anonym ist, kann sicher nicht in eins gesehen werden mit den Fragen nach der Stellung des Individuums auf dem Gebiete der ägyptischen Kunst[4g]); denn beim Prophetismus handelt es sich ja gerade um eine spezifische Persönlichkeitsgebundenheit. Das geistesgeschichtlich legitime Einordnungs- und Vergleichsprinzip ist vielmehr der ägyptische Heroenglaube[4h]). Auf seinem Teilgebiet der individuellen Vergöttlichung[4i]) erscheint er als typisches Mittel der religiösen Hervorhebung großer Einzelmenschen.

Vergegenwärtigt man sich aber die Bedingungen, die zur Heroisierung führen, so sieht man, daß sie für den Propheten nicht zutreffen können[4k]);

[4b]) Johannes Meinhold, Einführung in das Alte Testament, Gießen 1932, S. 273.

[4c]) N. Söderblom, Der lebendige Gott im Zeugnis der Religionsgeschichte, S. 304.

[4d]) Hebr 1, 1.

[4e]) G. van der Leeuw, Phänomenologie der Religion, S. 619 f.

[4f]) J. Wellhausen, Prolegomena zur Geschichte Israels, 6. Aufl., Berlin 1905, S. 398.

[4g]) Vgl. u. a. W. Wolf, Individuum und Gemeinschaft in der ägyptischen Kultur, Glückstadt 1935, S. 8; Alfred Hermann, Zur Anonymität der ägyptischen Kunst, in: MDIK 6 (1936), S. 150—157; Joachim Spiegel, Typus und Gestalt in der ägyptischen Kunst, in: MDIK 9 (1940), S. 159; anders: Fr. W. Frhr. von Bissing, Ägyptische Baumeister als künstlerische Persönlichkeiten, in: Forschungen und Fortschritte 1947, S. 134—136; zur Stellung des Imhotep als ,,Erfinder des Sakkarastils'': Hermann Junker, Gîza I, Wien und Leipzig 1929, S. 73f.; H. Schäfer, Von ägyptischer Kunst, 3. Aufl., Leipzig 1930, S. 67.

[4h]) Eberhard Otto, Gehalt und Bedeutung des ägyptischen Heroenglaubens, in: ÄZ 78 (1942), S. 28—40; K. Sethe in: ERE VI (1913), S. 647—652; H. Kees, Götterglaube, S. 115f.; H. Bonnet, Reallexikon, S. 856—860.

[4i]) Dieser steht die generelle Vergöttlichung der Könige und die osirianische Verklärung der Toten gegenüber.

[4k]) Damit ist auch die These von A. Frh. von Gall, ΒΑΣΙΛΕΙΑ ΤΟΥ ΘΕΟΥ, a.a.O., widersprochen, die Intention ägyptischer Weissagungen ziele auf die Erhöhung des weisen Sprechers.

denn die ägyptischen Heroen haben alle „Teil am Aufbau und Ausbau des ägyptischen Staates, es sind vorbildliche Beamte, richtungweisende Gestalten auf dem Gebiet der Verwaltung, kluge, erfolgreiche Organisatoren"[41]).

Ebensowenig ist die aus der überkommenen Überlieferung zu erschließende Definition der Heroen auf Propheten anwendbar, die Tatsache nämlich, daß diese Persönlichkeiten der Mitwelt oder den Nachkommen zugleich als Götter und Menschen erscheinen[4m]). Der Typus des Heiligen, sowohl im christlichen wie im indischen Sinne, scheint ausgeschlossen durch die Tatsache, daß die Heroisierung in den Grundanschauungen der Ägypter als dauernde Möglichkeit vorhanden und auf kein Zeitalter ihrer Geschichte begrenzt war[4n]).

Somit ist die weitgehende Anonymität des ägyptischen Prophetismus, ebenso wie das Fehlen einer fortdauernden Pflege seiner Inhalte, ein Problem der Tradition. Nach dem Ende der Aufstiegszeit des Mittleren Reiches waren die Intentionen des ägyptischen Geistes auf eine Repristination der im Alten Reich beschlossenen Gestaltungskräfte gerichtet. Einen Bruch mit der prophetischen Bewegung, der auf dieser Linie lag, bedeutete daher auch das weitgehende Vergessen der Namen und Gestalten ihrer Träger.

Einen bewußten Bruch mit den sozialethischen Forderungen des Prophetismus vollzieht die „Lehre des Königs Amenemhet"[5]). Der Text gehört, wie auch die „Lehre für König Merikarē", zur Gattung der politischen Testamente[6]) und ist, da er deutlich auf Ereignisse bei der Ermordung Amenemhets I. anspielt, sicher nicht authentisch, sondern dem toten König fiktiv in den Mund gelegt; die gleiche Situation findet sich in der 20. Dynastie im Papyrus Harris, der Ramses III. in den Mund gelegt wird, aber unter Ramses IV. zusammengestellt wurde[7]). Diese Texte stehen im größeren religionsgeschichtlichen Zusammenhang der weit verbreiteten, aber bislang noch nicht systematisch untersuchten Gattung von Offenbarungen nach dem Tode[8]); für diese scheint charakteristisch zu sein, daß biographische Angaben in ihnen eine beachtliche Rolle spielen. Diese persönlichen Erfahrungen Amenemhets I. verbindet Sesostris I., der Sohn und Nachfolger, in dessen Kreisen das Werk als Tendenzschrift entstanden ist[9]), mit prinzipiellen Ausführungen. Er läßt seinen Vater

---

[41]) E. Otto, a.a.O., S. 40.

[4m]) E. Otto, a.a.O., S. 29f.

[4n]) Ebd. S. 29.

[5]) Neueste Textausgabe: Aksel Volten, Zwei altägyptische politische Schriften (Analecta Aegyptiaca IV), Kopenhagen 1945; vgl. ferner: J. Dümichen in: ÄZ 12 (1874), S. 30ff.; Griffith in: ÄZ 34 (1896), S. 30ff.; G. Maspero, Les enseignements d'Amenemhaît Ier à son fils Sanouasrit Ier, Le Caire 1914; G. Posener, Littérature et politique, S. 61ff. Übers. u. a. Erman, Literatur, S. 106ff., von Bissing, Lebensweisheit, S. 61.

[6]) Vgl. J. Spiegel, Das Werden der altägyptischen Hochkultur, S. 577f.

[7]) Textausgabe von W. Erichsen, Brüssel 1933.

[8]) Hermann Grapow, Die Einleitung der Lehre des Königs Amenemhet, in: ÄZ 79 (1954), S. 97—99, hat darauf hingewiesen, daß sich die Lehre selbst als „Offenbarung" (wp·t) bezeichnet.

[9]) Vgl. A. de Buck, The Instructions of Amenemmes, in: Mélanges Maspero I (1934), S. 852.

voll Bitterkeit auf das nutzlos erscheinende Bemühen um soziale Gerechtigkeit zurückblicken[10]):

> „Ich gab dem Armen und zog den Geringen groß. Ich gab dem, der nichts war, Audienz, wie dem, der etwas war."

Aber die Konsequenzen aus diesem vergeblichen Mühen sind scharf gezogen[11]):

> „Vertraue nicht einem Bruder, kenne keinen Freund,
> schaffe dir keine Vertrauten; dabei ist kein Nutzen."

Die inneren Gründe, die das menschliche Schicksal Amenemhets I. zum Ausgangspunkt für diese prinzipielle Haltung werden ließen, liegen in einer offenbar bei dem zweiten Herrscher der 12. Dynastie, bei Sesostris I., einsetzenden geistesgeschichtlichen Umwälzung, die auf einer intentionellen Anknüpfung an die Königsidee des Alten Reiches beruhte[12]). In ihr hatten der Prophetismus und seine Gedanken auch jetzt keinen Raum; denn sie tendierte zu einer Überwindung der menschlich orientierten Haltung des Herrschers und einer Rückwendung zum sakralen Königtum[13]). Die Lehre, mit der Sehetep-ib-Rē unter Amenemhet III. seine Kinder zur Verehrung des Königs ermahnt[14]), oder, bereits aus der Zeit Sesostris' I., die hymnenartigen Äußerungen über den König bei Sinuhe[15]) sind eindringliche Zeugnisse für den gleichen Geist. Es handelt sich um das Bemühen, die Neuordnung und -festigung des ägyptischen Staates, die jener Zeit angesichts des Zusammenbruchs des Alten Reiches zur Aufgabe wird, zu vollziehen mit Hilfe eines Rückgriffs auf jene Anschauungen vom sakralen Königtum, unter denen die erste staatliche und kulturelle Blütezeit Ägyptens gestanden hatte. Damit ist deutlich, daß die 12. Dynastie den Neubau des ägyptischen Reiches auf ein Staatsdogma gründen will, das zugleich ein religiöses ist und den König als göttliche Person auffaßt.

Jedoch demonstrieren die genannten Texte selbst eine Spannung zwischen dem Ideal und der Realität des Königtums im Mittleren Reich. Sowohl die offenbar notwendige Betonung der Göttlichkeit des Königs wie auch der Wert, der auf die sichtbare Manifestation der Königsmacht gelegt wird[16]), zeigen, daß die religiöse Selbstverständlichkeit der Anerkennung eines Gott-Königs verlorengegangen war und von der 12. Dynastie nicht wiedererlangt wurde. Sie beweisen damit auch für Ägypten, daß das geschichtliche Erbe einer vergangenen Epoche niemals in unveränderter Form repristiniert werden kann.

Deshalb ist es verständlich, daß der Bruch mit den geistigen Errungenschaften des Prophetismus nicht radikal vollzogen werden konnte. Neben ihm steht vielmehr als ein zweites Kennzeichen für den Ausgang der prophetischen Bewegung die Übernahme ihrer Ideale in das geistige Gut Ägyptens

---

[10]) Pap. Mill. 1,6—7.   [11]) Pap. Mill. 1,4—5.

[12]) Vgl. G. Lanczkowski, Das Königtum im Mittleren Reich, a.a.O.

[13]) Vgl. Hellmut Brunner, Die Lehre vom Königserbe im frühen Mittleren Reich, in: Ägyptologische Studien. Festschrift Hermann Grapow, Berlin 1955, S. 4 ff.

[14]) Kairo 20538 verso; bearb. von Moharram Kamal in: Annales du Service des antiquités de l'Égypte 40 (1940).

[15]) R 5—8.   [16]) Vgl. Sinuhe B 48 ff.

und ihre Tradierung, die schließlich, am Ende der ägyptischen Geschichte, zur Vorbereitung für die Aufnahme christlicher Vorstellungen wurde[17]). Der Weg dieser Ideen geht mithin weit über die Epoche des Prophetismus hinaus, und seine Darstellung muß Aufgabe anderer Untersuchungen sein. Jedoch sind einige frühe Dokumente wesentlich für den unmittelbaren Ausgang des Prophetismus.

Als das früheste und zugleich umfassendste Zeugnis für eine offizielle Anerkennung prophetischer Ideale kann wohl die „Lehre für König Merikarē"[18]) angesprochen werden. In jenem Abschnitt, den Alexander Scharff als den Höhepunkt des ganzen Textes bezeichnet[19]) und dem Sonnengesang Echnatons und der Schöpfungsgeschichte der Genesis verglichen hat[20]), findet sich ein restlos vergeistigtes Gottesbild[21]):

> „Ein Geschlecht geht zum anderen unter den Menschen, und Gott hat sich verborgen, der die Wesensarten kennt ... Wohl besorgt sind die Menschen, die Herde Gottes[22]). Er hat Himmel und Erde nach seinem Wunsche gemacht; er hat das Urwasser beseitigt; er hat den Lebenshauch für ihre Nasen geschaffen; seine Ebenbilder sind es, hervorgegangen aus seinem Leibe. Er geht auf am Himmel für ihre Herzen; er fährt einher, um sie zu sehen. Er hat für sie geschaffen Pflanzen, Tiere, Vögel und Fische, sie zu ernähren. Er schlug seine Feinde nieder und vernichtete seine eigenen Kinder, als sie Auflehnung ersannen[23]). Er hat sich eine Kapelle hinter ihnen errichtet, und wenn sie weinen, so hört er es. Er hat ihnen Herrscher im Mutterleib geschaffen, einen Herrn, um den Rücken des Schwachen zu schützen. Er hat ihnen Zauberworte verliehen, um abzuwehren das Unglück, und Träume bei Tage und in der Nacht. Er hat die Frevler unter ihnen getötet, wie ein Mann seinen Sohn wegen seines Bruders schlägt; (denn) Gott kennt jeglichen Namen."

Schöpferische Allmacht, Gerechtigkeit und Güte Gottes sind es, die hier gepriesen werden. In den Sargtexten finden sich inhaltlich verwandte Aussagen; so heißt es[24]): „Ich wiederhole euch das Gute, das mein eigenes Herz mir eingegeben hat als Umringler-Schlange, um das Unrecht zu beseitigen. Ich habe viererlei Gutes getan im Tor des Horizontes: Ich habe die vier Winde geschaffen, daß jedermann zu seiner Zeit atmen kann; das ist ein Fall (davon). Ich habe die große Flut geschaffen, daß der Geringe wie der Große (daran) Anteil haben; das ist ein Fall (davon). Ich habe geschaffen jeden Mann wie

---

[17]) Vgl. Eberhard Otto, Die Endsituation der ägyptischen Kultur, in: Die Welt als Geschichte, 1951, S. 209.

[18]) A. Volten, a.a.O.,; W. Golénischeff, a.a.O.; A. Scharff, Der historische Abschnitt der Lehre für König Merikarē; Übersetzungen: Erman, Literatur, S. 109—119; Gardiner in: JEA 1, S. 20ff.; Wilson bei Pritchard, a.a.O., 2. Aufl., S. 414—418.

[19]) a.a.O., S. 62.   [20]) a.a.O., S. 60.

[21]) Vgl. Volten, Zeile 130ff.; Erman, S. 118f.; Junker, Pyramidenzeit, S. 178f.

[22]) ꜥw·t n·t nṯr; vgl. Spiegelberg in: ÄZ 64, S. 89.

[23]) Eine Anspielung auf die im „Buch von der Himmelskuh" berichtete Empörung.

[24]) Pierre Lacau, Sarcophages antérieurs au Nouvel Empire, Bd. I, Le Caire 1904, S. 220f.; Vgl. E. Otto, Der Vorwurf an Gott, S. 9f.

seinen Nächsten; es war nicht befohlen, daß sie Unrecht tun sollten; (sondern) ihre Herzen haben das verletzt, was ich gesagt habe; das ist ein Fall (davon). Ich habe geschaffen, daß ihre Herzen den Westen nicht kennen, damit den göttlichen Toten Opfer dargebracht werden sollen; das ist ein Fall (davon)." Ein anderer Sargtext [25]) sagt, daß der Einherr seine Millionen Ka um seine Geschöpfe gelegt habe. Und ein auf den Gott Min [26]) bezogener Lobpreis, dessen Ideengehalt wohl im wesentlichen in das frühe Mittlere Reich gehört, spannt den Bogen des göttlichen Wirkens von den himmlischen Sphären bis zu den Menschen und bezeichnet Min als „Bildner des Himmels, Schöpfer der Götter, Bildner der Erde, der die Menschen geschaffen hat" [27]).

Die Ansprache des Menschen, die das auf ihn gerichtete Schöpferwirken Gottes impliziert, findet in jenem Strom der ägyptischen Religionsgeschichte, der prophetische Ideale tradiert, ihre Antwort in einer verinnerlichten Gesinnungsethik. Die „Lehre für König Merikarē" fordert [28]):

> „Tue die Gerechtigkeit, solange du auf Erden weilst. Beruhige den Weinenden, quäle keine Witwe, verdränge keinen Mann von der Habe seines Vaters und schädige die Räte nicht an ihren Sitzen. Hüte dich davor, ungerecht zu strafen."

Es entspricht ägyptischem Denken, daß diese sittlichen Imperative vornehmlich mit dem Blick auf das Jenseitsgericht verbunden werden; auch hierfür bietet die „Lehre für König Merikarē" ein bezeichnendes Beispiel [29]):

> „Die Richter, die die Sünder richten, du weißt, daß sie nicht milde sind an jenem Tag, wo sie die Elenden richten, in der Stunde, wo sie ihr Amt ausüben. Schlimm ist es ja, da der Ankläger ein Weiser ist. Vertraue nicht auf die Länge der Jahre; sie sehen ein Menschenleben wie eine Stunde an. Wenn der Mensch nach dem Tode allein bleibt, werden seine Taten zu Haufen neben ihn gelegt. Das Verbleiben dort (aber) währt in Ewigkeit. Ein Tor ist, wer daran rüttelt. Wer aber zu ihnen kommt, ohne Sünde getan zu haben, der wird dort wie ein Gott sein, wandelnd wie die Herren der Ewigkeit."

Der funerären Sphäre angehörig sind auch die ethischen Konfessionen, die in jener Zeit auf die Grabsteine gesetzt werden; denn „das Denkmal eines Mannes sind seine guten Taten ($nfr\cdot w$), dem Schlechtgesinnten (aber) gilt Vergessen" [30]). So lesen wir auf einer Stele aus der Zeit Sesostris' I. [31]): „Ich war einer, der nach den Kranken zu sehen pflegte, der den Verstorbenen begrub, der Gaben reichte dem, der in Trübsal war. Ich war der zweite an Tüchtigkeit im Königshause. Ich wurde mit Aufträgen betraut wegen der Zuverlässigkeit meines Charakters ... Ich war freigiebig an Speise und Nahrung. Nicht gab

---

[25]) CT III 382; E. Otto, a.a.O., S. 11.

[26]) Vgl. C. J. Bleeker, Die Geburt eines Gottes. Eine Studie über den ägyptischen Gott Min und sein Fest, Leiden 1956.

[27]) Selim Hassan, Hymnes religieux du Moyen Empire, 1928, S. 163.

[28]) Merikarē 46—48.   [29]) Merikarē 53—57.

[30]) PSBA 18 (1896), S. 196; vgl. H. Kees, Totenglauben, S. 383.

[31]) Kurt Sethe, Ägyptische Lesestücke, Leipzig 1924, Nr. 19; J. Spiegel, Die Idee vom Totengericht, S. 35f.

es noch Mangel für den, dem ich gab. Ich teilte ein großes Fleischstück mit
denen, die an meiner Seite saßen. Ich war einer, der geliebt von seinen Angehörigen und seiner Familie verbunden war. Ich war nicht hartherzig gegen
den, der im Dienste war. Ich war ein Vater des Armen, einer, der für die
Witwen sorgte. Nicht schlief ein Mann hungrig in meiner Stadt. Nicht hielt
ich einen Mann zurück an der Fähre. Nicht verleumdete ich einen Mann bei
einem, der mächtiger war als er, noch war ich selbst der Verleumdung zu-
gänglich. Ich war einer, der sprach nach Art der Räte, frei von oberflächlichem
Reden. Ich war einer, der jeden hörte in Wahrheit, der nicht parteiisch war
zugunsten dessen, der ihm eine Belohnung geben konnte . . . Alle Leute, die
diesen Grabstein hören werden (wenn er ihnen vorgelesen wird), werden sagen:
Das ist Wahrheit. Und ihre Kinder und Kindeskinder werden sagen: Das ist
Wahrheit. Es ist keine Lüge dabei."

Das Selbstlob eines solchen Textes darf nicht davon abhalten, die in ihm
zum Ausdruck gebrachte absolute ethische Norm zu erkennen. Ebenso ist
das negative Sündenbekenntnis des 125. Totenbuch-Kapitels tatsächlich Beleg
für die Anerkennung sittlicher Grundsätze[32]: ,,Ich habe nicht unrecht gegenüber Menschen gehandelt, habe mich nicht versündigt am Ort der Wahrheit,
ich weiß nicht um Nichtswürdiges. Ich habe nichts Übles verschwiegen, habe
nicht gelauscht, bin gegen ein wahres Wort nicht taub gewesen, habe nicht ge-
schmäht, habe nicht gezankt, habe nicht gelogen, keinen Diener bei seinem
Vorgesetzten angeschwärzt, habe Gott nicht verleumdet, noch eine Tat des
Königs zu meiner Zeit. Mein Mund ging mir nicht durch, ich habe niemanden
weinen gemacht. Ich habe keine betrügerischen Geschäfte abgeschlossen,
habe mir nichts vom Tempelbesitz angeeignet, das Kornmaß nicht verringert,
mit dem Ackermaß nicht betrogen, das Feldmaß nicht verringert, die Gewichte
der Handwaage nicht vergrößert, das Lot der Standwaage nicht hinunter-
geschoben, dem Richter nicht zugezwinkert. Ich habe nicht gestohlen, habe
keine Speise weggenommen, habe nicht hungern lassen, ich bin nicht habgierig
gewesen und habe nicht geraubt. Ich habe keinen, der wegen seiner Habe
klagte, bedroht. Ich habe die Milch nicht vom Munde des Säuglings weggenommen, habe dem Überschwemmungswasser nicht gewehrt, wenn seine
Zeit war; habe dem Hungernden Brot gegeben und dem Dürstenden Wasser,
dem Nackten Kleider, dem Schifflosen eine Fähre. Ich habe nicht Ehebruch
begangen, noch Unzucht getrieben an heiliger Stätte, nicht Weib oder Mann
vergewaltigt. Ich bin bei der Arbeit nicht verdrossen gewesen, habe aber als
Aufseher niemals über das festgesetzte Maß arbeiten lassen, habe keinen
Schrecken erregt, keine Übertretung begangen. Ich war nicht gewalttätig,
habe weder Menschen noch Rinder, die für den Gott bestimmt waren, geschlach-
tet, habe nicht getötet und nicht zu töten befohlen. Ich habe nicht getan, was
der Gott verabscheut, sondern was die Menschen loben und womit die Götter
zufrieden sind. Ich bin reinen Mundes und reiner Hände, einer, zu dem Will-
kommen gesagt wird, wenn man ihn sieht. Ich mache nicht viele Worte, wenn
ich rede, und schreie nicht. Ich bevorzuge niemanden ungerechterweise."

Gehören diese Texte auch der funerären Sphäre an, so beweisen sie doch die
Wirksamkeit prophetischer Ideale für die Diesseitsgestaltung. Im staatlichen

---

[32]) J. Spiegel, a.a.O., S. 57; von Bissing, Altägyptische Lebensweisheit, S. 153f.

Bereich finden wir eine direkte Aufnahme der vom „Bauern" geforderten Grundsätze des Verhaltens für den Beamten in den aus der 13. Dynastie stammenden und mehrfach in Veziergräbern der 18. Dynastie niedergeschriebenen Texten für die Einsetzung des Veziers[33]. Wie eine direkte Anknüpfung an die Gedanken des „Bauern" erscheint der Paragraph 11 der Einsetzung[34]: „Übergehe keinen Bittsteller, ohne daß du seine Rede beachtest. Wenn ein Bittsteller da ist, der dich mit einer Bitte angehen will, so (weise) nicht das, was er sagt, durch ein bloßes Wort ab, sondern du sollst ihn (erst) abweisen, nachdem du ihn hast hören lassen, weshalb du ihn abweisest. Siehe man sagt: Der Bittsteller liebt das Beachten seines Spruches mehr als die Erhörung."

Am schwierigsten zu beantworten ist die Frage, ob neben dem Gottesbild und der Ethik auch die Geschichtsanschauung des Prophetismus weiterlebt in der ägyptischen Geistesentwicklung. Aufschlußreich hierfür sind vielleicht die „Klagen des Chacheperrē-seneb"[35]. Der Name des Verfassers gehört in die Zeit Sesostris' II., des vierten Herrschers der 12. Dynastie[36]; die Schrift kann unter diesem König selbst, aber auch unter dessen Nachfolgern, am ehesten unter Sesostris III. verfaßt sein. Chacheperrē-seneb sondert sich betont von der „Rede der Menschen früherer Zeiten"[37], er will bewußt etwas völlig Neues verkünden[38], und er sucht nach Worten dafür[39]. Vielleicht handelt es sich bei dem Verfasser um einen Nachfahren des Prophetismus der Aufstiegszeit des Mittleren Reiches. Aber auch wenn wir seine Schrift als äußerliche Übernahme prophetischer Formen ansehen und als literarische Manier[40] einstufen müßten, wäre sie aufschlußreich für die damalige Kenntnis der prophetischen Geschichtsschau. An einer Stelle dieser „Klagen des Chacheperrē-seneb" wird die Einsicht in die Wandelbarkeit und Unwiederbringlichkeit historischen Geschehens so umschrieben[41]:

> „Ich denke nach über das, was geschieht, über die Dinge, die das Land durchziehen —: Verwandlung tritt ein; es ist nicht mehr wie im vorigen Jahre . . ."

---

[33] Kurt Sethe, Die Einsetzung des Veziers unter der 18. Dynastie (Untersuchungen zur Geschichte und Altertumskunde Ägyptens 5,2), Leipzig 1909; R. O. Faulkner, The Installation of the Vizier, in: JEA 41 (1955), S. 18—29.

[34] Auf die Verwandtschaft der Gedanken macht mit Recht auch Siegfried Hermann, Zum Verständnis der „Klagen des Bauern" als Rechtsforderungen, in: ÄZ 82 (1957), S. 55—57, aufmerksam. Nur zieht er den zeitlich späteren Text der Einsetzung des Veziers als Beweis dafür heran, daß den Reden des „Bauern" das ägyptische Beamtenrecht zugrunde läge.

[35] Alan H. Gardiner, The Admonitions of an Egyptian Sage, S. 95ff.; Erman, Literatur, S. 149—151.

[36] Gardiner, a.a.O., S. 97.   [37] recto 3—4.

[38] recto 5.   [39] recto 2.

[40] Vgl. Rudolf Anthes, Lebensregeln und Lebensweisheit der alten Ägypter, S. 23.

[41] recto 10.